Escuela de Discípulos
Nivel 4: Enviar

Crecemos con casas,
y nos multiplicamos con discípulos

Juan Antonio Morales

Escuela de Discípulos
Nivel 4: Enviar
Autor: Juan Antonio Morales
Primera edición primavera del 2021
Copyright 2021

Ministerio Internacional Sion
559 Kearny ave. Kearny, NJ o7032
(201) 304-2317

Editor: Pedro Torres Pereira
Diseño: Daniel Morales
Correctora: Yurani Ledezma

Diseño y diagramación:

"Le Ayudamos A Desarrollar El Sueño De Escribir Su Libro"

3313 S. Gilbert Rd, Grand Prairie   TX 75050
Tel. 1 (214) 529 2746

Printed in USA
Impreso en USA

PREFACIO

En un momento de mi vida a la edad de 25 años tomé la decisión de obedecer a Dios en este ministerio pastoral el cual a través de los años me ha permitido ver como la voluntad del Señor se cumple en la vida de cada hijo de Dios que decide servirle.

Los niveles de nuestra Escuela de Discípulos son GANAR, DISCIPULAR, CONSOLIDAR y terminan con "ENVIAR. Este material es para que el alumno entienda la carga y la pasión que tuvo Jesús por las almas perdidas.

Doy gracias a Dios por darme esta oportunidad de escribir este material, a mi amada esposa Sheyla Morales por su gran apoyo, a mis discípulos que han sido una bendición para mi vida, a mis familiares, a mis mentores que siempre han apoyado la visión y me han sabido entender.

Que este libro sea de bendición para todos y les ayude a seguir buscando la excelencia en Dios.
¡Qué Dios les bendiga!

Rev. Juan A. Morales

CONTENIDO

EL LLAMADO DE DIOS

LECCIÓN 1

Lo más especial para el hombre es que Dios nos haya llamado a su obra divina donde tendremos experiencias extraordinarias.

"En el año que murió el rey Uzías vi yo al Señor sentado sobre un trono alto y sublime, y sus faldas llenaban el tempo. Por encima de él había serafines; cada uno tenía seis alas; con dos cubrían sus rostros, con dos cubrían sus pies, y con dos volaban.

Y el uno al otro daba voces, diciendo: Santo, santo, santo, Jehová de los ejércitos; toda la tierra está llena de su gloria.

Y los quiciales de las puertas se estremecieron con la voz del que clamaba, y la casa se llenó de humo.

9

Entonces dije ¡Ay de mí! Que soy muerto; porque siendo hombre inmundo de labios, y habitando en medio de pueblo que tiene labios inmundos, han visto mis ojos al Rey, Jehová de los ejércitos.

Y voló hacia mi uno de los serafines, teniendo en su mano un carbón encendido, tomado del altar con sus tenazas. Y tocando con el sobre mi boca, dijo: He aquí que esto toco tus labios, y es quitada tu culpa, y limpio tu pecado. Después oí la voz del Señor que decía:

¿A quién enviaré, y quién irá por nosotros? Entonces respondí yo: Heme aquí, envíame a mí". (Isaías 6:1-8)

Todo hombre que fue enviado por Dios, tuvo primeramente que ser llamado a responder a su llamado.

Aquellos que respondieron a éste llamado son los que ahora han dejado una huella para hoy nosotros seguirla tales como:

Isaías, Moisés, Josué, los apóstoles y muchos más; hoy podemos decir que Dios los usó grandemente ya que ellos atendieron a la voz de Dios. Una de las maneras para poder entender porque estamos HOY aquí es que a Dios le plació llamarnos para un propósito definido.

Una de las mejores maneras para nosotros poder recordar la fecha de alguna experiencia personal es asociándola con algún evento histórico, este es el caso del profeta Isaías; él no nos dice exactamente la fecha en la cual tuvo su gloriosa visión de Dios, pero sí recordaba que fue:

"en el año en que murió el rey Uzías" (v. 1) La experiencia de Isaías puede verse en tres palabras o puntos importantes, los enumeraremos así:

Visión, Confesión y Misión. Todo verdadero llamado al servicio será definido por esas tres palabras, que son claves para poder entender nuestro llamado.

La visión: "... vio al Señor sentado sobre un trono alto y sublime, y sus faldas llenaban el templo..." (v. 1-4)

Una experiencia profunda con Dios le debe anteceder a cualquier llamamiento divino.

La visión nos lleva a la misión.

Moisés experimentó una visión de Dios en Horeb (Éxodo 3: 1-12)

Saulo de Tarso vio una luz resplandeciente y Jesús mismo le habló camino a Damasco.

Hechos 9: 1-6, compárese con I Corintios 15:8

En la manera que vemos a Dios en nuestras vidas, así se lo describiremos a otros. Esa visión de la trascendencia de Dios fue el contexto profético para Isaías.

1. La confesión

"¡Ay de mí! Que soy muerto; porque siendo hombre inmundo de labios, y habitando en medio de pueblo que tiene labios inmundos, han visto mis ojos al Rey, Jehová de los ejércitos". (v. 5)

a) Hay que reconocer nuestras debilidades.

b) Hay que conocer a la gente a la cual ministraremos.

c) Dios se nos revela no por nuestros méritos, sino por su gracia.

2. La misión

"... Heme aquí, envíame a mí" (v. 8)

Dios se le reveló a Isaías con un propósito.

a) Dios inquieta con una interrogación a Isaías.

b) Isaías le dice que sí a Dios: *"Heme aquí"*.

c) Isaías busca dirección: *"Envíame a mí"*.

d) La visión que no es seguida por la disposición no lleva a la misión.

Para que nosotros tengamos el éxito que queremos, debemos saber que Dios en su infinita misericordia puso su mirada en nosotros y vamos a acudir a su llamado con humildad.

Antes de ser enviados por Dios pasaremos el proceso de la prueba para ver si en verdad le vamos a obedecer, y si en verdad vamos a ministrar bien lo que Dios ponga en nuestras manos. El éxito de Jesús fue que sus discípulos entendieran esto muy bien.

Los que Jesús llamó fueron enviados en un orden divino y con un propósito específico. (Mateo 9:10-11)

Jesús tuvo compasión de la humanidad. (Mateo 9:35 al 38)

Luego llamó a los que Él quiso. (Marcos 3:13; Mateo 10:1)

Los estableció para que estuviesen con Él. (Marcos 3:13)

Para enviarlos a predicar. (Marcos 3:14)

Les dio autoridad. (Marcos 3:15; Mateo 10:1)

Les dio instrucciones. (Mateo 10:5-8)

Advertencia de las pruebas. (Mateo 10:16-25; 10:42)

Hasta que Jesús estuvo seguro dejo de dar instrucciones. (Mateo 11:1)

Jesús después de dar instrucciones, siguió predicando al saber que ya los discípulos podían hacer su trabajo.

Conclusión:

Nuestro ministerio dependerá mayormente de nuestra interrelación con Dios, entender nuestro llamamiento y de la experiencia que hayamos tenido con Él, para entonces ser enviados a cumplir su propósito.

ENTENDIENDO LA VISIÓN

LECCIÓN 2

La palabra de Dios dice: *"Donde no hay VISIÓN el pueblo se extravía; ¡dichosos los que son obedientes a la ley!"*. *(Proverbios 29:18)*

¿Qué es VISION? La visión es la capacidad de ver más allá, en tiempo y espacio, y por encima de todos los demás, significa visualizar ver con los ojos de la imaginación, en términos de los resultados finales que se pretende alcanzar.

El Señor Jesús vino a esta tierra con una gran misión salvar al mundo y expandir el reino de Dios aquí en la tierra. Fue un gran líder, visionario, y estratégico. Llegó a los lugares donde los religiosos no se atrevían a ir, entró en las casas donde los fariseos no se atrevían a entrar.

15

De los ignorados, de los sin letras, de los del vulgo, de los de las ciudades EL GANÓ a doce hombres y almas. (Mateo 4:18-22). Hombres y mujeres y los DISCÍPULOS enseñándoles la palabra de Dios.

Luego trabajo para CONSOLIDAR a doce hombres con diferentes tipos de personalidades, (Lucas 6:13) que luego con sus enseñanzas llegaron a entenderlo a tal grado que hablaban como Él, y luego los ENVIÓ con la misma visión y un propósito definido.

La orden de Jesús fue vayan y prediquen a todas las naciones y hagan más Discípulos...(Mateo 28:19).
En la Iglesia, el Ministerio del Discipulado responde a la orden dada por nuestro Señor Jesucristo de "...id, y hacer discípulos a todas las naciones...enseñándoles que guarden todas las cosas que os he mandado...". (Mateo 28:19-20)

Por tanto, el discipulado no es algo adicional ni opcional para los creyentes del Señor Jesús, sino un paso necesario para tener una vida cristiana victoriosa. Por tanto, las primicias básicas del mandato de Cristo sobre el discipulado son:

Los discípulos no NACEN se HACEN.
Los discípulos deben ser personas ENSEÑABLES.
Luego les respalda la tarea de hacer a otros discípulos.

El hombre de Dios debe tomar con seriedad el mandato del Cristo resucitado de hacer discípulos. Esto requiere que los líderes sean ejemplos de madurez espiritual, para llamar a otros al arrepentimiento, a la fe en Cristo, al bautismo y a la obediencia a todos los mandamientos de Cristo. (Mateo 18:19-20; Colosenses 1: 28-29)

Precisamente, se considera que nuestro Señor Jesucristo ordenó un proceso para renovar a los verdaderos discípulos, hasta llevarlos a ser como Él. La Biblia nos presenta el carácter del discípulo del Señor Jesús, algunos rasgos son:

1) Imitadores de Dios. (1 Corintios 11:1)
2) Obedientes. (Romanos 12:1)
3) Fieles. (salmos 31:23)
4) Humildes. (Filipenses 4:9)
5) Servidores con excelencia. (Mateo 20:25-28)
6) Enseñables. (Filipenses 4:9)
7) Amorosos. (Juan 13:35)

La siguiente figura: "El diamante: visión del discipulado", presenta de una forma muy clara y simple el alcance que tiene el discipulado. La figura indica que el inconverso o no creyente es evangelizado y llega a ser un creyente de Jesucristo, para luego ser instruido y convertirse en un discípulo. En seguida, el discípulo es formado para ser un discipulador, el cual es capacitado para evangelizar y discipular a los inconversos. Se trata de un círculo virtuoso, donde multiplicación de discípulos y la formación de líderes del discipulado están al servicio de cumplir la Gran Comisión. VEAMOS:

17

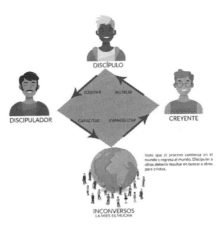

DISCÍPULO

DISCIPULADOR

CREYENTE

EQUIPAR INSTRUIR

CAPACITAR EVANGELIZAR

Note que el proceso comienza en el mundo y regresa al mundo. Discipular a otros debería resultar en buscar a otros para cristos.

INCONVERSOS
LA MIES ES MUCHA

Recapitulando la parte del principio que los discípulos no nacen, sino que se hacen, es decir, que éstos deben ser formados.

Pero no se trata de un proceso automático, instantáneo, monótono ni definitivo como algunos podrían pensar a simple vista; sino que, por el contrario, el discipulado pretende moldear el carácter de Cristo.

Una persona se enfrenta a una serie de hechos y situaciones inherentes al comportamiento humano, como pueden ser:

Las costumbres, hábitos, sentimientos, pensamientos, decisiones, etc., los cuales, para ser influenciados y conquistados por el Reino de Dios necesita de la guía del Espíritu Santo, así como de tiempo, paciencia, disposición, dedicación, compromiso, y en fin una serie de esfuerzos.

Para un desarrollo constante y sólido del Ministerio de discipulado, se recomienda que los Coordinadores y maestros de la escuela de discípulos, tenga en cuenta el engranaje de tres áreas fundamentales en el ministerio que son:

1) El desarrollo estratégico.
2) La formación.
3) La multiplicación de discípulos, según se muestra en el siguiente diagrama:

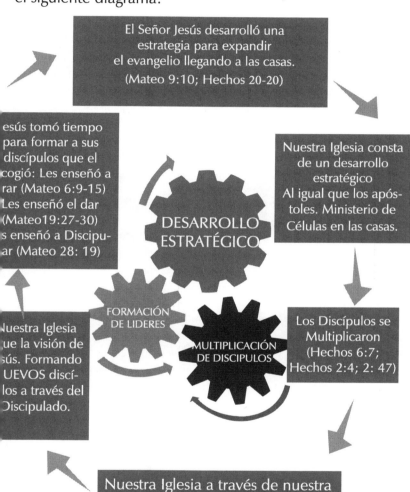

El Señor Jesús desarrolló una estrategia para expandir el evangelio llegando a las casas. (Mateo 9:10; Hechos 20-20)

esús tomó tiempo para formar a sus discípulos que el cogió: Les enseñó a rar (Mateo 6:9-15) Les enseñó el dar (Mateo19:27-30) s enseñó a Discipular (Mateo 28: 19)

Nuestra Iglesia consta de un desarrollo estratégico Al igual que los apóstoles. Ministerio de Células en las casas.

DESARROLLO ESTRATÉGICO

FORMACIÓN DE LIDERES

MULTIPLICACIÓN DE DISCIPULOS

Nuestra Iglesia ue la visión de sús. Formando UEVOS discílos a través del Discipulado.

Los Discípulos se Multiplicaron (Hechos 6:7; Hechos 2:4; 2: 47)

Nuestra Iglesia a través de nuestra escuela Ganar, Discipular, Consolidar y Enviar estamos multiplicándonos con Discípulos.

Conclusión:

La visión de Dios continúa en la iglesia, y nuestra misión es seguir la visión de Dios a través del pastor, haciendo que se cumpla el propósito de Dios para la Iglesia.

La fructificación y multiplicación se hará realidad cuando se entienda completamente la visión: "una mega iglesia nace cuando todos entendemos el propósito".

Frase:

¡¡Un discípulo no necesariamente es quien hace GRANDES COSAS, es la persona que logra que otros lo hagan!!

EL PROPÓSITO DE LOS DONES ESPIRITUALES

LECCIÓN 3

¡Qué Dice La Biblia acerca de los dones del Espíritu Santo miremos por medio de la palabra de Dios!

"Acerca de los dones espirituales, no quiero que estéis en ignorancia". (I Corintios 12:1)

"Teniendo dones que difieren, según la gracia que nos ha sido dada... de profecía... de servicio... de enseñanza... de exhortación... de dar... de dirigir... de misericordia...". (Romanos 12:6-8)

DON ESPIRTUAL

Es la habilidad especial dada por el Espíritu Santo al creyente para ministrar a otros y edificar el cuerpo de Cristo.

A- NO SON PARA MI BENEFICIO, SINO PARA BENEFICIO DE OTROS.

"Cada uno ponga al servicio de los demás el don que haya recibido, administrando fielmente la gracia de Dios en sus diversas formas". (I Pedro 4:10)

"A cada uno le es dada la manifestación del Espíritu para el bien general de la iglesia". (I Corintios 12:7)

B- PARA PRODUCIR MADUREZ Y ESTABILIDAD EN NUESTRA FAMILIA E IGLESIA.

"Y El mismo ha dado a cada uno dones diferentes... para edificación del cuerpo de Cristo... a la unidad de la fe... al hombre maduro... para que ya no seamos niños sacudidos y llevados de acá para allá de todo viento de doctrina...". (Efesios 4:11, 13-14)

10 VERDADES ACERCA DE LOS DONES

1. Sólo LOS CREYENTES tienen dones espirituales. (I Corintios 2:14)

2. Cada cristiano tiene por lo menos un don. (I Corintios 7:7)

3. Nadie recibe todos los dones espirituales. (I Corintios 12:27)

4. Ningún don es dado para uso propio. (I Corintios 12:29)

5. No se puede hacer méritos para ganar un don espiritual (Efesios 4:7)

6. El ESPÍRITU SANTO decide cuales dones recibo. (I Corintios 12:11)

7. Los dones que se me han dado son permanentes. (Romanos 11:29)

8. Debo desarrollar los dones que Dios me ha dado. (I Timoteo 4:14)

9. Es pecado no usar los dones que Dios me ha dado. (Mateo 25: 14-30)

10. El usar mis dones glorifica a Dios y me ayuda a crecer. (Juan 15:8)

La Biblia no se limita en cuanto al número de dones espirituales, o aun sus definiciones.

Las cuatro listas mayores se encuentran en:

Romanos 12: 3-8 "…teniendo diferentes dones, según la gracia que nos es dada, si el de profecía…o si de servicio, o el que enseña. El que exhorta, el que preside, el que hace misericordia".

I Corintios 12: 1-11; 27: 31 "…porque a este es dada por el Espíritu palabra de sabiduría; a otro palabra de cien-

cia, a otro fe, a otros dones de sanidades, a otros hacer milagros, a otro discernimiento de espíritu, a otros diversos géneros de lenguas y a otro interpretación de lengua. Pero todas estas cosas las hace un mismo espíritu".

I de Pedro 4: 9-11 "si alguno habla, hable conforme a las palabras de Dios: y al que ministra, ministre conforme al poder de Dios".

Efesios 4: 11-12 "y El mismo constituyo a unos, apóstoles; a otros profetas; a otros evangelistas; a otros pastores y maestros..."

LOS DONES DEL ESPÍRITU DENTRO DEL CUERPO DE CRISTO (Efesios 4:11-16)

RAÍZ GRIEGA: "DOMATA" Hace referencia a los dones de ministerio en puestos de autoridad que se mencionan en Efesios 4:11. Domata se relaciona con los hombres dotados que son puestos en la iglesia para preparar a los santos.

Estos dones son: Apóstol, Profeta, evangelista, Pastores y Maestros.

CARACTERÍSTICAS:

1) Los dones de ministerio son permanentes, los cristianos necesitan identificar y desarrollar esos dones.

2) Generalmente los dones de ministerio están relacionados con las habilidades naturales.

3) Los dones de ministerio deciden la posición de una persona dentro del cuerpo de Cristo.

4) Los dones de ministerio tienen que ver con las personas, y son entregados en la iglesia.

5) Cada creyente tiene la obligación de IDENTIFICAR y DESARROLLAR sus propios dones, entre ellos los de ministerio.

DESCRIPCIÓN:

ÁPOSTOL: Es una persona con una capacidad especial para tener dirección y autoridad sobre un grupo de iglesias.

PROFETA: Es el hombre con capacidad sobrenatural para interpretar las Escrituras a la luz de la situación presente de la iglesia.

EVANGELISTA: Es una persona dotada por el Espíritu Santo con la capacidad tal de PRESENTAR el Evangelio, de modo que la gente responda a las demandas del Señor Jesucristo.

PASTOR: Persona llamada por Dios a cuidar y alimentar el rebaño de Dios por un tiempo PROLONGADO o por toda la vida.

MAESTRO: El maestro trabaja con el pastor en la tarea de apacentar y enseñar a la iglesia local, cuidando de su bienestar espiritual e Instruyéndoles en la Palabra de Dios.

FUNCIONES: Ellos son dados a la iglesia "a fin de perfeccionar a los santos". (Efesios 4.12), la palabra griega es katartidzo que significa: remendar, organizar, restaurar, preparar, entrenar, madurar, unir y perfeccionar.

1. Remendar: (Mateo 4:21) Tiene que ver con el evangelismo. Los ministerios deben enseñar a la iglesia a remendar sus redes para prepararla para el evangelismo.

2. Organizar: (Hebreos 11:3) La iglesia debe estar organizada y los ministerios deben ayudar a los miembros a descubrir sus dones y ponerlos en el lugar adecuado para servir.

3. Restaurar: (Gálatas 6:1) Es la responsabilidad de los ministerios traer santos descarriados de regreso al Señor. Esto es esencial en una iglesia saludable.

4. Preparar: (Hebreos 13:20-21) La prueba de la eficacia de los que preparan es ver el desarrollo de aquellos que están preparando. Este desarrollo o servicio es hacia el SEÑOR, hacia la iglesia y hacia afuera: El mundo

5. Entrenamiento: (Lucas 6:40) Para poder servir eficazmente se necesita entrenamiento y aprender a estar bajo autoridad.

6. Madurar: (I de Pedro 5:10) Los ministerios deben preocuparse por el crecimiento y desarrollo de los creyentes confiados a su cuidado.

7. Unión (I Corintios 1:10) Los ministerios deben ser los primeros en caminar en unidad, enseñando a los demás a hacer lo mismo, no sólo con palabras, sino con el ejemplo.

8. Perfeccionamiento: (Mateo 21:16) Los ministerios deben llevar a la iglesia a ofrecer al Señor una alabanza perfecta (digna) de la grandeza del Señor.

DONES DE MANIFESTACIÓN (1 Corintios 12:4-11)

RAÍZ GRIEGA: "FANEROSIS" El verbo faneroo significa "hacer manifiesto, visible o conocido lo que ha estado oculto o ha sido desconocido; manifestar ya sea por obras o palabras, o en cualquier otra forma.

Los dones que se clasifican en esta categoría son: Palabra de Sabiduría, Palabra de Ciencia, Fe, Sanidades, hacer Milagros, Profecía, Discernimiento de espíritus, diversos géneros de Lenguas e interpretación de lenguas.

CARACTERÍSTICAS:

1) Los dones de manifestación son TEMPORALES. Una vez terminada la manifestación, el don no sigue en posesión de la persona. La persona no posee los dones de manifestación. Es simplemente un canal para estas manifestaciones.

2) Estos dones de manifestación no tienen relación con las CAPACIDADES NATURALES. Es posible que Dos use una persona en un aspecto en el cual nunca se le habría utilizado en sentido natural. Por ejemplo, una persona que nunca había predicado un sermón podría dar una manifestación profética gracias al Espíritu.

3) Estos dones tienen poca RELACIÓN con la posición de la persona dentro del cuerpo de Cristo puede ser usada por el Espíritu Santo para la manifestación de cualquiera de estos dones. Por consiguiente, lo que resalta es el don, y no la persona. La manifestación no debe convertirse en una etiqueta de súper espiritualidad.

El cuerpo debe recibir estas sorpresas del Espíritu y regocijarse con ellas.

PALABRA DE SABIDURÍA: Una palabra de sabiduría es la expresión sobrenatural una palabra específica, dada en un momento concreto, para comunicar la sabiduría de Dios en una situación determinada.

PALABRA DE CIENCIA: Es una manifestación del Espíritu Santo en la que Dios le proporciona a un miembro del Cuerpo de Cristo información o datos que sólo Él puede saber, a fin de ayudar a la iglesia en un momento especial de necesidad.

FE: Se trata de un don de fe especial derramado sobre un miembro del Cuerpo, para capacitar al que lo recibe a fin de que realice alguna tarea especial en el ministerio. Con frecuencia significa moverse con seguridad y firmeza hacia una meta humanamente imposible.

DONES DE SANIDADES: Son manifestaciones del Espíritu de Dios por medio de las cuales Dios les ministra sanidad a los miembros del cuerpo de Cristo y confirmación de la predicación del evangelio.

MILAGROS: es la manifestación del poder sobrenatural, servicio amoroso y compasivo a la gente sufriente y desvalida en especial a los miembros del cuerpo de Cristo.

PROFECÍA: Es la manifestación de una palabra expresada espontáneamente que viene del Señor y es dada a través de algún mimbro del cuerpo de Cristo para CONSOLACIÓN, EDIFICACIÓN Y EXHORTACIÓN de la iglesia.

DISCERNIMIENTO DE ESPIRITUS: Es la manifestación del Espíritu que capacita a un miembro del Cuerpo de Cristo, para determinar con seguridad sobrenatural cual es la fuente espiritual de la conducta o mensaje de un profeta o de un maestro.

LENGUAS:
Es la manifestación del Espíritu que capacita a una persona para hablarle a la iglesia en un idioma desconocido que no comprende y que también es incomprensible para sus oyentes.

INTERPRETACIÓN DE LENGUAS:
El don de interpretación de lenguas es el acompañante del don de lenguas. Sirve para dar significado de lo que se ha hablado en lenguas.

FUNCIONES:

1. Le dan ánimo a la iglesia.

Cuan reconfortante son las manifestaciones de los dones para el pueblo de Dios. A través de ellos nos damos cuenta de que el Espíritu Santo mora en medio de su Pueblo. (Hechos 20:10)

2. Realizan la proclamación del evangelio.

Hoy más que nunca, el mundo necesita ver el poder de Dios manifestado para levantar la última y gran cosecha de almas. (Hechos 8:5-8)

3. No se pueden programar ni planificar de antemano.

Él se mueve como quiere, a nosotros nos toca mantenernos en obediencia a los impulsos del Espíritu, y el Señor, de acuerdo con la necesidad, manifestará los dones y bendecirá a su pueblo. (Hechos 13:1-3)

Son parte del ministerio del Espíritu Santo en una iglesia neotestamentaria.

A nosotros nos ha tocado vivir un tiempo de restauración, los dones forman parte de lo que el Señor ha estado restituyendo a su Pueblo. (Marcos 16:17-18)

¡PRECAUCIONES ACERCA DE LOS DONES ESPIRITUALES!

CONCLUSIÓN:

1. No confunda los dones con los talentos naturales.

2. No confunda los dones con el fruto del espíritu.
(Gálatas 5:23)
Los frutos demuestran mi madurez.
Los dones demuestran mi ministerio.

3. No confunda los dones con confusiones cristianas.

4. Este consciente de la tendencia a proyectar sus dones, no espere que otros sirvan igual que usted y que tengan resultados similares.

5. No piense que sus dones le hacen superior a otros

6. Recuerda que el usar tus dones sin amor de nada sirve.

"... y si pudiera hablar en cualquier idioma celestial o terrenal... si tuviera el don de profecía... si supiera absolutamente todo... y si tuviera una fe tan grande que mueva montañas, de nada sirve sin amor". (I Corintios 13:1-2)

EQUIPANDO A LOS SANTOS

LECCIÓN 4

"...Dios ha dado pastores y maestros, para preparar a las personas de Dios para la obra del ministerio, para la edificación del cuerpo de Cristo". (Efesios 4: 11-12)

La Biblia Nos Enseña:
Los pastores son ADMINISTRADORES
Los discípulos son MINISTROS

Ministerio: Es usar lo que Dios me ha dado para servirle a Él y a las necesidades de otros.

El propósito del ministerio:
Hay diferentes clases de servicio a Dios, pero el Señor es el mismo.

El Espíritu Santo manifiesta su poder a través de cada uno de nosotros para beneficio del cuerpo de Cristo.

"Todos ustedes juntos forman el cuerpo de Cristo, y cada cuál es una parte separada y necesaria de este."

Ya sea en el ministerio de Discipulado, ministerio en las casas, ministerio de oración e intercepción, ministerio de servicio, (cocina, ujier, limpieza, etc.) ministerio de niños, ministerio de multimedia, etc.

Dios quiere usarte PARA EDIFICAR SU CUERPO.
La Prioridad del Ministerio: ¿Por qué Debo Interesarme?

1) HE SIDO SALVADO PARA EL MINISTERIO
"Fue él quien nos salvó y nos llamó con santo llamamiento, no conforme a nuestras obras. Sino conforme a su propio propósito y gracia, la cual nos fue dada en Cristo Jesús antes del comienzo del tiempo". (I Timoteo 1: 9)

¡Somos Salvos Para Servir!

2) HE SIDO LLAMADO PARA EL MINISTERIO.
"......os ruego que andéis como es digno de la vocación con que fuisteis llamados". (Efesios 4:1)

3) HE SIDO DOTADO PARA EL MINISTERIO.
"Cada uno según el don que ha recibido, minístrelo a los otros, como buenos administradores de la multiforme gracia de Dios". (I de Pedro 4:10)

4) HE SIDO AUTORIZADO PARA EL MINISTERIO

"Jesús se acercó a ellos y les habló diciendo: Toda autoridad me ha sido dada en el cielo y en la tierra. Por tanto, id y haced discípulos...". (Mateo 28:18-19)
"Así que, somos embajadores en nombre de Cristo...". (II Corintios 5:20)

5) HE SIDO ENCOMENDADO PARA EL MINISTERIO

"Tu actitud debe ser como la mía, porque yo, el Mesías, no vine para ser servido, sino para servir". (Mateo 20:27-28)
"...y decid a Arquipo: Cuida el ministerio que has recibido del Señor, para que lo cumplas". (Colosenses 4:17)

6) DEBO PREPARARME PARA EL MINISTERIO

"Y El dio... pastores y maestros, a fin de capacitar a los santos para la obra del ministerio, para la edificación de Cristo". (Efesios 4:11-12)

EL CUERPO DE CRISTO NECESITA MINISTERIOS

"Todos ustedes, en conjunto, forman el cuerpo de Cristo, y cada uno es un miembro separado y necesario del mismo". (I Corintios 12:27)

El ministerio siempre funciona dentro del contexto de la familia-iglesia

"Y viviendo las multitudes, tuvo compasión de ellas, porque estaban angustiadas y abatidas como ovejas que no tienen pastor. Entonces dijo a sus discípulos: "La mies es mucha, pero los obreros pocos". (Mateo 9:36-37)

EL MINISTERIO ES DETERMINADO POR VARIOS FACTORES:

"Hay diversidad de dones, pero el Espíritu es el mismo. Hay diversidad de ministerios, pero el Señor es él mismo. Y hay diversidad de operaciones, pero Dios es el mismo. A cada uno le es dada la manifestación del Espíritu para provecho". (I Corintios 12: 4-7)

Mi forma ¡Determina mi ministerio!

FAVORECE CON DONES ESPIRITUALES
"Cada hombre tiene su propio don de Dios, uno a la verdad de un modo, y otro de otro". (I de Corintios 7:7)
¿Con cuál he sido dotado?

OTORGA UN CORAZÓN QUE AMA
"Dios ha puesto en tu corazón que logren su divino propósito...". Apocalipsis. 17:17

"Porque Dios es el que en vosotros produce así el querer como el hacer, por su buena voluntad". (Filipenses 2:13)
¿Qué me agrada hacer?

RECURSO DE HABILIDADES
"Hay diversas habilidades para realizar el servicio".
"Yo (Dios)... les he dado destreza, habilidad, y conocimiento en toda clase de artes". (Éxodo 31:3)

"Nuestra capacidad viene de Dios". (II Corintios 3:5)
¿Qué talentos naturales me ha dado Dios?

MOTIVADO EN MI PERSONALIDAD
"Nadie realmente puede saber lo que otro está pensando o cómo realmente es, excepto la persona misma". (I Corintios 2:11)}

¿Dónde mi personalidad se adapta mejor?

APTITUD – EXPERIENCIA
"Ha transcurrido bastante tiempo para que fueran maestros; pero todavía necesitan ser enseñados, no tienen experiencia en el asunto del bien y del mal". (Hebreos 5:12-13)

¿Qué experiencias ESPIRITUALES he tenido?

Éxito es: Hacer aquello para lo cual Dios me llamó.

¿Cómo tomó forma el Ministerio de Pablo?

LOS DONES ESPIRITUALES DE PABLO

"Precisamente Dios me nombró apóstol suyo, con la tarea de predicar y enseñar ese mensaje a los gentiles". (II Timoteo 1:11)

EL CORAZÓN DE PABLO

"Siempre ha sido mi ambición predicar, no donde ya otros han comenzado iglesias, sino donde el nombre de Cristo jamás ha sido predicado". (Romanos 15:20)

*"(Dios) actuó en Pedro para el apostolado de la circun-
cisión, actuó en mi para con los gentiles".* (Gálatas 2:8)

*"La vida carecería de valor si no la empleara para terminar
con gozo la tarea que me señaló el Señor Jesús".* (Hechos
20:24)

LAS HABILIDADES DE PABLO:

*"...Como eran fabricantes de tiendas al igual que Pablo,
este se fue a vivir y a trabajar con ellos.... No había sába-
do que no sorprendiera a Pablo tratando de convencer a
judíos y Gentiles".* (Hechos 18: 1-4)

LA PERSONALIDAD DE PABLO.

*"...Están enterados de cuál era mi conducta. Perseguí la
iglesia con celo fanático, me esforcé para destruirlos. Estaba delante de la mayoría de mis contemporáneos en la
religión judía y tenía un entusiasmo ilimitado".* (Gálatas
1:13-14)

LAS EXPERIENCIAS ESPIRITUALES DE PABLO:

• Cuando apedreaban a Esteban. (Hechos 8:1)

• Su conversión camino a Damasco. (Hechos 9:1-20)

• 3 años madurando en Arabia. (Gálatas 1:18)

• Visión especial de Dios. (II Corintios 12:2-7)

SUS EXPERIENCIAS DOLOROSAS:

"... Me han encarcelado, me han azotado... me he visto en peligro de muerte. En cinco ocasiones los judíos me han proporcionado horribles 39 azotes. Tres veces con varas. Una vez me apedrearon... tres veces he naufragado... me pasé una noche y un día en alta mar. Muchas veces en peligro de ríos desbordados... o a manos de ladrones... judíos iracundos. He tenido que enfrentarme a turbas endurecidas... peligro de muerte en los desiertos. He sufrido fatigas, dolores, insomnios, hambres, sed, ayunos, frío". (II Corintios 11:23-27)

"Y para que la grandeza de las revelaciones no me exaltase desmedidamente, me fue dado un aguijón en mi carne, un mensajero de Satanás que me atormente...". (II Corintios 12:7)

LAS EXPERIENCIAS EDUCACIONALES DE PABLO.

"Estudié a los pies de Gamaliel, a cuyos pies aprendí a observar meticulosamente las costumbres y las leyes judaicas...". (Hechos 22:3)

DESCUBRIENDO TÚ DON te dará una sinopsis de los dones espirituales, y te ayudará a identificar el o aquellos dones que Dios te ha dado.

SUPERVISANDO EL PULSO DE TÚ CORAZON te ayudará a clarificar lo que realmente amas o te gusta hacer.

APLICANDO TUS HABILIDADES te ayudará a apreciar los talentos naturales y habilidades vocacionales con las que Dios te ha favorecido.

CONECTANDO TU PERSONALIDAD te ayudará a ver cómo el temperamento que Dios te ha dado puede ser utilizado al máximo en el ministerio.

EXAMINANDO TUS EXPERIENCIAS te ayudarán a revisar tu historia para descubrir como Dios te ha preparado para un ministerio único que solo tú puedes realizar.

Lo que Dios te hizo SER determina lo que Él quiere que yo HAGA. Entenderás mejor el propósito para el cual fuiste llamado.

Dios es consistente en su plan para cada una de nuestras vidas. Él no nos daría talentos y temperamentos innatos, dones espirituales y toda clase de experiencias en la vida para después no usarlos.

CONCLUSION:

Amados hermanos, por eso cuando Jesús anuncia que el cómo buen pastor "SU VIDA DA POR LAS OVEJAS" estaba anunciando el precio que estaba dispuesto a pagar para el rescate para el rescate eterno de las ovejas humanas, y que en realidad para dando "SU VIDA" en la cruz del calvario.

Cuál es el orden establecido para enviar a alguien:
• Dios llama
• La iglesia envía

EL ENVIADO

LECCIÓN 5

El enviado:

Es una persona que lleva o transmite un mensaje a otra y es enviada a un lugar para cumplir una misión específica, si no se ha entendido con exactitud el propósito será difícil cumplir la misión.

(Romanos 10:14-17) "¿Cómo, pues, invocarán a aquel en el cual no han creído? ¿Y cómo creerán en aquel de quien no han oído? ¿Y cómo oirán sin haber quien les predique? ¿Y cómo predicarán si no fueren enviados? Como está escrito: !!Cuán hermosos son los pies de los que anuncian la paz, de los que anuncian buenas nuevas!".

Mas no todos obedecieron al evangelio; pues Isaías dice: "Señor, ¿quién ha creído a nuestro anuncio?".

"Así que la fe es por el oír, y el oír, por la palabra de Dios".

Una de las cosas que hay que entender en la vida cristiana es que hemos sido llamados y preparados para cumplir una misión y un propósito, por eso como hijos de Dios tenemos que ser enviados a cumplir una misión. La manera de poder pagarle a Dios es a través del trabajo de ir y haced discípulos y la manera que lo vamos a lograr es cuando somos enviados a una casa, un distrito o una ciudad.

Juan el bautista es un gran ejemplo de un hombre que fue llamado, separado para ser enviado a preparar el camino del Señor, aunque su ministerio fue poco tiempo, él logró cumplir su misión de su llamado, aun nuestro Señor Jesús se atrevió a decir que no se había levantado otro profeta como él.

"Voz de uno que grita en el desierto: "Preparen el camino del Señor, háganle sendas derechas".
(Marcos 1:3 – NVI)

Antes de que se imprimieran los periódicos, los pregoneros caminaban por las calles tocando una campana y gritando: "¡Escuchad, escuchad!"

Entonces comenzaban a decir a gran voz, desde las esquinas de las calles las noticias, anunciando la hora de las reuniones del pueblo y otras cosas de interés para la gente.

Aún después de imprimirse el periódico, se podía caminar por las calles del pueblo y escuchar a un vendedor de periódicos gritando: "¡Extra! ¡Extra! ¡Léalo aquí!" Entonces comenzaba a gritar los titulares del periódico esperando conseguir la atención de aquellos que pasaban por el lugar para que le compraran el periódico.

El proceso: Hoy, las personas se enteran de las noticias de diversas maneras. Algunas cuentan con el periódico y lo leen de cubierta a cubierta, algunas consiguen las noticias en el Internet, otras escuchan las noticias en la radio. Probablemente la manera principal en que las personas reciben las noticias es por medio de la televisión. No importa cómo te enteres de las noticias, lo importante es saber lo que ocurre en el mundo que nos rodea.

Antes del nacimiento de Jesús, Dios habló al profeta Isaías para dejarle saber cómo Él daría las nuevas de la venida del Mesías. Esto fue lo que dijo: "Enviaré mi mensajero para preparar el camino. Él será una voz de uno que clama en el desierto: '¡Preparen el camino para la venida del Señor! Háganle sendas derechas."

¿Quién fue el mensajero que Dios escogió para traer estas buenas noticias a su pueblo? Fue un hombre llamado Juan el Bautista.

Ahora vemos a Jesús cumpliendo también su misión como enviado del cielo a la tierra a cumplir este gran suceso de la salvación.

PORQUE SU MISIÓN ERA DAR SU VIDA POR TODAS SUS OVEJAS

"El buen pastor su vida da por las ovejas, más el asalariado, y que no es el pastor, de quien no son propias las ovejas, ve venir al lobo y deja las ovejas y huye, y el lobo arrebata las ovejas y las dispersa. Así que el asalariado huye porque es asalariado, y no le importan las ovejas". (Juan 10:11-13)

Ser pastor no es un trabajo fácil, es poner a disposición tu propia vida, cuando miramos el pastor estaba en riesgos de enfrentarse a animales salvajes que asediaban a las ovejas, Jesús es el buen pastor y el dio su propia vida por nosotros.

David fue un pastor de ovejas y él luchaba con animales salvajes para proteger y cuidar lo que su padre le había comisionado así también es el pastor esa es la responsabilidad delante de Dios de cuidar lo que el Señor le ha puesto en sus manos. (I de Samuel 17:34-36)

En otras palabras, el pastor tenía que enfrentar diversas fieras como leones y osos, así como lobos, y otras inclemencias como la lluvia y el frío, poniendo en peligro su propia vida, todo por cuidar bien a sus ovejas como buen pastor.

CONCLUSIÓN:

Amados hermanos, por eso cuando Jesús anuncia que el como buen pastor "SU VIDA DA POR LAS OVEJAS" estaba anunciando el precio que estaba dispuesto a pagar para el rescate eterno de las ovejas humanas, y que en realidad era dando "SU VIDA" en la cruz del calvario.
Cuál es el orden establecido para enviar a alguien:
• Dios llama
• La iglesia envía

EL ENVIADO QUE SE MANTIENE EN DIOS

LECCIÓN 6

EL ENVIADO: es una persona escogida para llevar un mensaje o ejecutar una comisión por encargo de otra.

MANTENERSE: se deriva del verbo MANTENER (proseguir, sostener, conservar, defender).

Entonces podemos decir que un enviado que se mantiene es una persona que prosigue, defiende y que se sostiene enfocado en la misión que le fue delegada hasta llegar a cumplirla.

Lucas 4: 42-43 "Cuando ya era de día, salió y se fue a un lugar desierto; y la gente le buscaba, y Llegando a donde él estaba, le detenían para que no se fuera de ellos. Pero él les dijo: Es necesario que también a otras ciudades anuncie el evangelio del reino de Dios; porque para esto he sido enviado".

Vamos a parafrasear analíticamente estos versos. En esta escritura podemos observar tres puntos que define a la característica de un enviado que se mantiene.

El Señor Jesús es nuestro mayor ejemplo.

LAS CARACTERISTICAS DE EL ENVIADO QUE SE MANTIENE:

1) NO SE DETIENE
• La gente quería detener al Señor, pero Él sabía que tenía que continuar con la misión de anunciar el evangelio. (ver verso 42)

• Jesús hizo muchos milagros de sanidad en Galilea y muchos endemoniados fueron liberados, por eso la gente quería retenerlo.

• El Señor Jesús sabía que Galilea era solo parte de su misión, y tenía que continuar con el trabajo por el cual vino a esta tierra.

• El discípulo no puede estancarse en un solo lugar, no puede entretenerse mientras hay más necesidad.

• El enviado que se detiene atrasa la visión, el trabajo, y el crecimiento.

• En el camino puede que te encuentres con personas, problemas, circunstancias e incluso comodidades que pueden retenerte para que no te mantengas haciendo tu trabajo.

2) NO SE DESENFOCA
(es necesario que en otras ciudades anuncie el evangelio)

• El Señor Jesús no se quedó solo en ese lugar, aunque la gente quería detenerlo.

• El Señor Jesús tenía bien claro el enfoque de su misión: expandir el reino de Dios llegando a las almas por medio del evangelio, levantar discípulos que continúen su legado.

• Su enfoque no estaba solamente en Galilea sino en alcanzar otras ciudades.

• Jesús se mantuvo en la misión, continúo su camino y fue cuando llegó a Genesaret (otra ciudad) que se ganó a Pedro, Jacobo, y Juan quienes llegaron a ser. Tremendos discípulos de la iglesia.

• También sucedió el milagro de la pesca milagrosa, sanidad de un leproso, de un paralitico etc.

• Un discípulo que se mantiene tiene la mirada a lo que está por delante, al propósito, a la visión. Pablo dijo: "... Olvidando lo que queda atrás, y extendiéndome a lo que está delante, prosigo a la meta". (Filipenses 3:13)

3) NO DESERTA DE LA COMISIÓN
(porque para esto he sido enviado)

• Jesús no desertó de su misión tenía muy claro para que fue enviado.

• En su humanidad siempre se mantuvo con buena actitud hacia las circunstancias en obediencia, disponibilidad, responsabilidad.

• Jesús aun estando en agonía, no desertó, sino que dijo: "padre, si quieres pasa de mi esta copa; pero no se haga mi voluntad, sino la tuya". (Lucas 22:42), aquí vemos el ejemplo de obediencia y perseverancia del Señor Jesús.

• Si el Señor Jesús hubiera desertado ¿Cuál hubiese sido el fin de este mundo?

• Jesús no se retractó, no abandono su misión, la expresión ¡porque para esto he sido enviado! Nos deja bien claro que estaba determinado a cumplir su propósito.

• Un discípulo que se mantiene no deja abandonada su misión por cualquier problema o circunstancia, debe tener la mentalidad que fue escogido y enviado para cumplir una misión de la cual él es responsable.

LOS BUENOS RESULTADOS VIENEN A TRAVÉS DE LA PERSEVERANCIA, Y LA CONSTANCIA DEL DISCÍPULO.

A Pedro y a Juan los apresaron, les intimidaron para que dejaran de predicar el evangelio y que ya no hicieran más milagros en el Nombre de Jesús.

A la cual Pedro respondió:

"Porque no podemos dejar de decir lo que hemos visto y oído". (Hechos 4:20).

Ellos no dejaron de hacer la obra a la cual fueron enviados.

Dos frases podemos tomar de este pasaje:

No podemos DEJAR DE HACER, y no podemos DEJAR DE DECIR...

¡El discípulo victorioso no se detiene, se mantiene! El discípulo que se mantiene verá su recompensa y el fruto de su trabajo.

• Pedro y Juan se mantuvieron y vieron 3000, 5000, y más almas llegar a Cristo.

• Pablo se mantuvo y su resultado fue el movimiento misionero, la iglesia en las naciones.

• Abraham se mantuvo mirando al invisible su resultado fue: que se le llamó amigo de Dios y padre de la fe.

• David se mantuvo y su resultado fue: 30 valientes que le fueron leales, fue rey de Israel, y llegó a ser el hombre conforme al corazón de Dios.

Conclusión:

Mantén tu llamado, continúa con tu misión, Dios dijo "he aquí yo estaré con vosotros hasta el fin del mundo". (Mateo 28:20)

ARTÍCULOS DE FE

LECCIÓN 7

Los Artículos de Fe son la base de doctrina bíblica sobre los cuales los miembros del ministerio Internacional Sion, serán regidos tanto en cumplimiento personal como en su enseñanza.

Artículo 1
PRÓLOGO

Creemos que la Biblia es inspirada por Dios; la infalible Palabra de Dios.

"Toda la Escritura es inspirada por Dios, y útil para enseñar, para redargüir, para corregir, para instruir en justicia".
(II Timoteo 3:16)

51

La Biblia es la única autoridad dada por Dios al hombre; por tanto, toda doctrina, fe, esperanza y toda instrucción para la iglesia, debe ser basada en, y armonizar con la Biblia.

Debe ser leída y estudiada por todos los hombres en todas partes y solamente puede ser entendida por los que han sido ungidos por el Espíritu Santo. (I de Juan 2:27)

"Ninguna profecía de la Escritura es de interpretación privada, porque nunca la profecía fue traída por voluntad humana, sino que los santos hombres de Dios hablaron siendo inspirados por Espíritu Santo". (II de Pedro 1:20-21)

Artículo 2
DOCTRINA FUNDAMENTAL

Nuestra doctrina fundamental y básica, será el modelo bíblico de la salvación plena, la cual consiste en:

Arrepentimiento: reconocer a Jesús como único y suficiente Salvador de nuestra alma.

Bautismo: por inmersión en agua en el Nombre del Señor Jesucristo para el perdón de pecados. El bautismo del Espíritu Santo con la señal inicial de hablar en otras lenguas como el Espíritu dé que hablen.

Nos esforzamos en guardar la unidad del Espíritu hasta que todos lleguemos a la unidad de la fe, al mismo tiempo, amonestando a los hermanos que no contiendan por sus diferentes puntos de vista, trayendo así la desunión del cuerpo.

Artículo 3
EL ÚNICO DIOS VERDADERO

Creemos en el único Dios viviente, eterno; infinito en poder, Santo en naturaleza, atributos y propósitos; que posee deidad absoluta e indivisible.

Este único Dios verdadero, Él mismo, se ha revelado como Padre, por medio de su Hijo en la redención; y como el Espíritu Santo por emanación.

(I Corintios 8:6; Efesios 4:6; II Corintios 5:19; Joel 2:28)

Las Escrituras hacen más que intentar probar la existencia de Dios; afirman, asumen y declaran que el conocimiento de Dios es universal. (Romanos 1:19, 21, 28, 32; 2:15)

Dios es invisible, incorpóreo, sin partes, sin cuerpo y por tanto sin ninguna limitación. Él es Espíritu (Juan 4:24) y *"un espíritu no tiene ni huesos"*. (Lucas 24:39)

"El primer mandamiento de todos es: Oye, Israel; el Señor nuestro Dios, el Señor uno es".
(Marcos 12:29; Deuteronomio 6:4)

"Un Dios y Padre de todos, el cual es sobre todos, y por todos, y en todos". (Efesios 4:6)

El único Dios verdadero se manifestó a Sí mismo en varias maneras en el Antiguo Testamento; así mismo en El Hijo mientras estaba entre los hombres; como El Espíritu Santo después de la ascensión.

53

Artículo 4
EL HIJO DE DIOS

El único Dios verdadero, Antiguo Testamento, tomó forma de hombre, y como el Hijo del hombre, nació de la virgen María.

Pablo dice: *"E indiscutiblemente, grande es el misterio de la piedad; Dios fue manifestado en carne, justificado en el Espíritu, Visto de los ángeles, Predicado a los gentiles, Creído en el mundo, Recibido arriba en gloria"*. (I Timoteo 3:16)

"A lo suyo vino, y los suyos no le recibieron". (Juan 1:11) El único Dios verdadero fue manifestado en carne, es decir, en su Hijo Jesucristo *"...Dios estaba en Cristo reconciliando consigo al mundo, no tomándoles en cuenta a los hombres sus pecados..."*. (II Corintios 5:19)

Creemos que "en Él (es decir, en Jesucristo) habita corporalmente toda la plenitud de la Deidad". *(Colosenses 2:9)*

"Por cuanto agradó al Padre que en él habitase toda plenitud". (Colosenses 1:19)

Por eso, Jesucristo en su humanidad era hombre; en su Deidad era y es Dios. Su carne era el cordero, o el sacrificio de Dios.

El único mediador entre Dios y el hombre. "Porque hay un solo Dios, y un solo mediador entre Dios y los hombres, Jesucristo hombre". (I Timoteo 2:5)

Jesucristo, por parte de su Padre, era divino; por parte de su madre, era humano.

Así, Él era conocido como el Hijo de Dios y también como el Hijo del hombre, o el Dios-Hombre.

"Porque todas las cosas las sujetó debajo de sus pies"
Y cuando dice que todas las cosas han sido sujetadas a él, claramente se exceptúa aquel que sujetó a él todas las cosas.

"Pero luego que todas las cosas le estén sujetas, entonces también el Hijo mismo se sujetará al que le sujetó a él todas las cosas, para que Dios sea todo en todos".
(I Corintios 15:27-28)

"Yo soy el Alfa y Omega, principio y fin, dice el Señor, el que es y que era y que ha de venir, el Todopoderoso".
(Apocalipsis 1:8)

ARTÍCULOS DE FE

LECCIÓN 8

Artículo 5
EL NOMBRE

Dios usó varios títulos, tales como "Elohím", "Dios", "El Dios Todopoderoso", "El Shaddai", "Jehová", y especialmente

"Jehová, el Señor" el nombre redentor en el Antiguo Testamento.

"Porque un niño nos es nacido, hijo nos es dado, y el principado sobre su hombro; y se llamará su nombre Admirable, Consejero, Dios Fuerte, Padre Eterno, Príncipe de Paz". (Isaías 9:6)

Esta profecía de Isaías se cumplió cuando el Hijo de Dios fue nombrado.

"Y dará a luz un hijo, y llamarás su nombre JESUS, porque él salvará a su pueblo de sus pecados". (Mateo 1:21)

"Y en ningún otro hay salvación; porque no hay otro nombre bajo el cielo, dado a los hombres, en que podamos ser salvos".
(Hechos 4:12)

Artículo 6
LA CREACIÓN DEL HOMBRE Y SU CAÍDA

En el principio Dios creó al hombre inocente puro y santo; pero por medio del pecado de desobediencia, Adán y Eva, los primeros de la raza humana cayeron de su estado santo, y Dios les expulsó del Edén. Así, por la desobediencia de un hombre, el pecado entró en el mundo. (Génesis 1:27, Romanos 3:23; 5:12)

Artículo 7
ARREPENTIMIENTO Y CONVERSIÓN

El perdón de pecados se obtiene por el arrepentimiento genuino, un hecho de confesar y abandonar los pecados. *"Somos justificados por fe en el Señor Jesucristo"*. *(Romanos 5:1)*

Juan el Bautista predicó el arrepentimiento, Jesús lo declaró y los Apóstoles insistieron en ello, tanto a los judíos como a los gentiles. (Hechos 2:38; 11:18; 17:30)

La palabra "Arrepentimiento" viene de varias palabras griegas que significan cambio de puntos de vista y de propósitos, cambio de corazón, cambio de actitud, cambio de vida, transformación, etc.

Jesús dijo, "...si no os arrepentís, todos pereceréis igualmente". (Lucas 13:3)

"Y que se predicase en su nombre el arrepentimiento y el perdón de pecados en todas las naciones, comenzando desde Jerusalén". (Lucas 24:47)

Artículo 8
EL BAUTISMO EN AGUA

La manera bíblica de bautismo es por inmersión, y es sólo para los que se han arrepentido completamente, habiéndose apartado de sus pecados y de su amor para el mundo.

Debe ser administrado por un ministro del Evangelio *debidamente autorizado* obedeciendo la Palabra de Dios, y en el Nombre de nuestro Señor Jesucristo, según:
• Hechos 2:38
• Hechos 8:16
• Hechos 10:48
• Hechos 19:5

Obedeciendo y cumpliendo así Mateo 28:19

ARTÍCULOS DE FE

LECCIÓN 9

Artículo 9
EL BAUTISMO DEL ESPÍRITU SANTO

Juan el Bautista dijo en Mateo 3:11, "…él os bautizará en Espíritu Santo y fuego".

Jesucristo dijo en Hechos 1:5, "…vosotros seréis bautizados con el Espíritu Santo dentro de no muchos días".
Lucas nos cuenta en Hechos 2:4, "Y fueron todos llenos del Espíritu Santo, y comenzaron a hablar en otras lenguas (idiomas), según el Espíritu les daba que hablasen".
Los términos "bautizar en Espíritu Santo y fuego, "llenos del Espíritu Santo", y el "don del Espíritu Santo" son términos sinónimos usados indistintamente en la Biblia.

Es bíblico esperar que todos los que reciben el don, la plenitud, o el bautismo del Espíritu Santo reciban la misma señal física, señal inicial de hablar en otras lenguas. El hablar en otras lenguas, como se relató en Hechos 2:4; 10:46; 19:6 y el don de lenguas como se explica en I Corintios, capítulos 12 y 14, son iguales en esencia, pero distintos en uso y propósito.

El Señor, por medio del profeta Joel, dijo, "...derramaré mi Espíritu sobre toda carne...". (Joel 2:28)

Pedro, explicando esta experiencia fenomenal, *dijo, "... habiendo recibido del Padre la promesa del Espíritu Santo, (Jesús) ha derramado esto que vosotros veis y oís".* (Hechos 2:33)

Además, *"...Porque para vosotros es la promesa, y para vuestros hijos, y para todos los que están lejos; para cuantos el Señor nuestro Dios llamare".* (Hechos 2:39)

Artículo 10
SANIDAD y LIBERACIÓN DIVINA.

El primer pacto que el Señor (Jehová) hizo con los hijos de Israel después de librarlos de Egipto, fue un pacto de sanidad.

El Señor dijo, *"Si oyeres atentamente la voz de Jehová tu Dios, e hicieres lo recto delante de sus ojos, y dieres oído a sus mandamientos, y guardares todos los estatutos, ninguna enfermedad de las que envié a los egipcios te enviaré a ti; porque yo soy Jehová tu sanador".* (Éxodo 15:26)

En algunas traducciones se lee: "Porque yo soy Jehová, tu médico," Siendo Dios nuestro médico, tenemos al más capaz de todo el mundo.

Nuestro Señor Jesucristo *"recorrió toda Galilea predicando el Evangelio del reino, y sanando toda enfermedad y toda dolencia en su pueblo".* (Mateo 4:23-24)

"Jesucristo es el mismo ayer, y hoy, y por los siglos". (Hebreos 13:8)

El sufrimiento substitutivo del Señor Jesucristo pagó por la sanidad de nuestros cuerpos, igual que pagó por la salvación de nuestras almas porque

"…por su llaga fuimos nosotros curados". (Isaías 53:5)

En Mateo 8:17 se lee, *"El mismo tomó nuestras enfermedades, y llevó nuestras dolencias". véase también.* (I de Pedro 2:24)

De todo esto vemos que la sanidad divina del cuerpo está en la expiación. Siendo verdad esto, la sanidad es para todos los que creen.

Jesús dijo de los creyentes, *"...sobre los enfermos pondrán sus manos y sanarán".* (Marcos 16:18)

Más tarde, Santiago escribió en su carta a todas las iglesias: *"¿Está alguno enfermo entre vosotros? Llame a los ancianos de la iglesia, y oren por él, ungiéndole con aceite en el nombre del Señor. Y la oración de fe salvará al enfermo, y el Señor lo levantará; y si hubiere cometi-*

do pecados, le serán perdonados. Confesamos vuestras ofensas unos a otros, y orad unos por otros, para que seáis sanados. La oración eficaz del justo puede mucho". (Santiago 5:14-16)

Todas estas promesas son para la Iglesia de hoy.

Artículo 11
LA CENA DEL SEÑOR

La noche en que fue traicionado nuestro Señor, Él comió la cena pascual con los Apóstoles y después la instituyó como sacramento.

"Y tomó el pan y dio gracias, y lo partió y les dio, diciendo: Esto es mi cuerpo, que por vosotros es dado; haced esto en memoria de mí. De igual manera, después que hubo cenado, tomó la copa, diciendo: Esta copa es el nuevo pacto en mi sangre, que por vosotros se derrama". (Lucas 22:19-20)

Pablo instruyó a la iglesia como observarla (I Corintios 11:23-24).

Así fue instituido el uso del pan literal y el fruto de la vid, los cuales son tomados literalmente, como emblemas de su cuerpo partido y sangre derramada.

También hay un significado espiritual y una bendición al tomar la Cena del Señor.

Artículo 12
EL LAVAMIENTO DE PIES

Cuando terminó la cena pascual, Jesús "se levantó de la cena, y quitó su manto, y tomando una toalla, se la ciñó. Luego puso agua en un lebrillo, y comenzó a lavar los pies de los discípulos, y a enjugarlos con la toalla con que estaba ceñido". (Juan 13:4-5)

Jesús dijo, "Pues si yo, el Señor y el Maestro, he lavado vuestros pies, vosotros también debéis lavaros los pies los unos a los otros. Porque ejemplo os he dado, para que como yo os he hecho, vosotros también hagáis". (Juan 13:14-15)

Este primer ejemplo fue dado por nuestro Señor, y es una institución divina.

Los creyentes hacen bien en seguir su ejemplo al lavar los pies los unos a los otros, demostrando así el espíritu de humildad.

Artículo 13
LA SANTIDAD

Una vida piadosa debe caracterizar la vida de todo hijo de Dios, y debemos vivir según el ejemplo dado en la Palabra de Dios.

"Porque la gracia de Dios se ha manifestado para salvación a todos los hombres, enseñándonos que, renunciando a la impiedad y los deseos mundanos, vivamos en este siglo sobria, justa y piadosamente". (Tito 2:11-12)

"Pues para esto fuisteis llamados; porque también Cristo padeció por nosotros, dejándonos ejemplo, para que sigáis sus pisadas; el cual no hizo pecado, ni se halló engaño en su boca; quien cuando le maldecían, no respondía con maldición; cuando padecía, no amenazaba, sino encomendaba la causa al que juzga justamente". (I de Pedro 2:21-23)

"Seguid la paz con todos, y la santidad, sin la cual nadie verá al Señor". (Hebreos 12:14)

"Sino, como aquel que os llamó es santo, sed también vosotros santos en toda vuestra manera de vivir; porque escrito está: Sed santos, porque yo soy santo y si invocáis por Padre a aquel que sin acepción de personas juzga según la obra de cada uno, conducíos en temor todo el tiempo de vuestra peregrinación. Sabiendo que fuisteis rescatados de vuestra vana manera de vivir, la cual recibisteis de vuestros padres, no con cosas corruptibles, como oro o plata, sino con la sangre preciosa de Cristo, como de un cordero sin mancha y sin contaminación". (I de Pedro 1:15-19)

"Todo me es lícito, pero no todo conviene; todo me es lícito, pero no todo edifica". (I de Corintios 10:23)

ARTÍCULOS DE FE

LECCIÓN 10

Artículo 14
LA GRACIA DE DIOS

"Porque la gracia de Dios se ha manifestado para la salvación a todos los hombres, enseñándonos que, renunciando a la impiedad y a los deseos mundanos, vivamos en este siglo sobria, justa y piadosamente".
(Tito 2:11-12)

"Pues la ley por medio de Moisés fue dada, pero la gracia y la verdad vinieron por medio de Jesucristo". (Juan 1:17)

Un cristiano, para guardarse salvo, debe caminar con Dios y guardarse en el amor de Dios (Judas 21) y en la gracia de Dios.

La palabra "gracia" quiere decir "favor".

Cuando una persona comete trasgresión y peca contra Dios, pierde su favor. Si continúa en pecado y no se arrepiente, al final se perderá y será lanzado al lago de fuego. (Juan 15:2, 6; II de Pedro 2:20-21)

Judas habla de los que se tornaron atrás en su día, y de su recompensa. (Hebreos 6:4-6)

"Porque por gracia sois salvos por medio de la fe; y esto no de vosotros, pues es don de Dios". (Efesios 2:8)

Artículo 15
DIEZMOS
El diezmo vino con la fe bajo Abraham; Moisés lo ordenó, e Israel lo practicó cuando estaba bien con Dios; Jesús lo aprobó. (Mateo 23:23)

Pablo habló de apartar su ofrenda conforme Dios le ha prosperado. No debemos robar a Dios de su porción, es decir, de los diezmos y las ofrendas. (Malaquías 3)

Artículo 16
EL MATRIMONIO
Creemos que el matrimonio es una institución sagrada, creada, aprobada e instituida por Dios.

Creemos en el concepto bíblico y tradicional de lo que consiste un matrimonio aceptado por Dios, y es la unión legítima y legal entre un hombre y una mujer.

No estamos de acuerdo, ni aprobamos uniones entre personas del mismo sexo o género.

Miremos algunos puntos acerca del matrimonio:
* ¿Quién casó a Adán y Eva?

* El matrimonio en el Antiguo Testamento

* El matrimonio en los tiempos de Moisés

* El matrimonio en el nuevo estamento

* Que dijo Jesús acerca del matrimonio

Artículo 17
EL TRASLADO DE LOS SANTOS

Creemos que se acerca el tiempo de la aparición del Señor; entonces los muertos en Cristo se levantarán, y nosotros los que quedemos seremos arrebatados con ellos a encontrar al Señor en el cielo, Jesús no tocara la tierra bajara hasta las nubes a llamar su IGLESIA.

(I Tesalonicenses 4:13-17; I Corintios 15:51-54)

ARTÍCULOS
DE FE
LECCIÓN 11

Artículo 18
LA SEGUNDA VENIDA DE JESÚS

La doctrina que Jesús vuelve la segunda vez, en persona, tal como se fue, está claramente expuesta por el mismo Señor Jesucristo.

" Así, pues, todas las veces que comiereis este pan, y bebiereis esta copa, la muerte del Señor anunciáis hasta que él venga". (I Corintios 11:26)

A la vez fue predicado y enseñado en la iglesia primitiva por los Apóstoles; por eso, los hijos de Dios hoy en día están seria y ansiosamente esperando este glorioso acontecimiento.

71

(Mateo 24; Hechos 1:11; 3:19-21; I Corintios 11:26; Filipenses 3:20-21; I Tesalonicenses 4:14-17; Tito 2:13-14)

Artículo 19
LA RESTAURACIÓN DE TODAS LAS COSAS

Entendemos que las Escrituras enseñan *"la restauración de todas las cosas, de que habló Dios por boca de sus santos profetas que han sido desde tiempo antiguo"*. *(Hechos 3:21)*

Pero no encontramos que el diablo, sus ángeles y los pecadores estén incluidos. (Apocalipsis 20:10)

Artículo 20
EL MILENIO

Creemos, además, que la angustia sobre la tierra es el "principios de dolores" y se hará más intensa hasta que haya un tiempo "de angustia cual nunca fue desde que hubo gente hasta entonces".

(Mateo 24:3-8; Daniel 12:1), y este período de "tribulación" será seguido por el amanecer de un día mejor en la tierra y buena voluntad para con los hombres".

(Apocalipsis 20:1-5; Isaías 65:17-25; Mateo 5:5; Daniel 7:27; Miqueas 4:1-2; Hebreos 2:14; Romanos 11:25-27)

Artículo 21
JUICIO FINAL

Cuando terminen los mil años, habrá una resurrección de todos los muertos, quienes serán llamados delante del gran trono blanco para el juicio final; y todos los que no tienen sus nombres escritos en el libro de la vida serán lanzados al lago de fuego que arde con azufre, el cual Dios ha preparado para el diablo y sus ángeles, siendo Satanás el primero en ser lanzado. (Mateo 25:41; Apocalipsis 20:7, 15 - 21)

¿CÓMO ACONSEJAR?

LECCIÓN 12

EL CONSEJO MINISTERIAL

¿Cómo soluciona la gente sus problemas personales?

Mucha gente no hace nada sino esperar que la situación eventualmente se arreglará por sí sola, otros oran, y un número algo grande se torna a la familia y amigos por consejo.

"Donde no hay dirección sabia, caerá el pueblo;
Mas en la multitud de consejeros hay seguridad".
(Proverbios 11:14)

Cuando las personas deciden buscar ayuda profesional, muchos acuden a un clérigo.

Así, a pesar de su entrenamiento o deseos, el líder eclesiástico y especialmente el pastor, no goza del privilegio de elegir si aconsejará o no a la gente.

Ellos inevitablemente traen sus problemas a él para su mejor guía y más sabio cuidado.

Él no puede evitar esto. Su elección no está entre aconsejar o no aconsejar, sino entre aconsejar en una manera disciplinada y experta y aconsejar en una manera indisciplinada e inexperta.

Este fue el caso de Moisés en el antiguo testamento, su responsabilidad era ayudar a la necesidad, pero Jetro le dio una solución y una ayuda para que fuera más exitoso y la carga se repartiera.

CONSIDERACIONES BÁSICAS AL ACONSEJAR:

A. Definición del Consejo:
Una relación entre dos o más personas en la cual una persona (el consejero) busca aconsejar, animar y/o ayudar a otra persona o personas (el aconsejado) para tratar más efectivamente con los problemas de la vida.

B. Algunos Objetivos del Consejo:
• Un cambio en el comportamiento, las actitudes o valores del aconsejado.
• Prevenir que se desarrollen problemas más serios.
• Enseñar habilidades sociales. Animar la expresión de las emociones.

- Dar ayuda en tiempos de necesidad.
- Instalar El discernimiento.
- Guiar mientras una decisión es hecha.
- Enseñar la responsabilidad.
- Estimular el crecimiento espiritual.

C. El lugar para dar Consejos:
- Puede hacerse en casi cualquier lugar en una casa, en la oficina del pastor, en un cuarto vacío, en el cuarto de un hospital, etc.
- La reunión en privado es importante.
- Escoger un lugar tranquilo, libre de interrupciones, si es posible.
- Comportamiento en las maneras del consejero: No hojear los papeles, garabatear, echarse en la silla, parecer aburrido, etc.
- La expresión de la cara, el tono de voz, la postura y los gestos todos transmiten nuestros verdaderos sentimientos.

D. Características Personales del Consejero:

Un consejero que no se ha enfrentado a los problemas de su propia vida y a sus reacciones a ellos no será efectivo con otros.

- Necesita conocimiento propio, enterarse de sus propias creencias y valores.
- Conocerse a sí mismo implica: Meditar en nuestras propias características, fuerzas y debilidades.
- Discutir los resultados de estas reflexiones con un amigo respetable o un consejero experimentado.
- Pedir al Espíritu Santo que nos guie en nuestra propia evaluación.

Las características sicológicas que son necesarias para ser efectivos al aconsejar:

1. Entendimiento de otras personas.

2. Aceptación: respeto genuino e interés en el aconsejado como una persona, sea naturalmente "agradable" o no.

3. Distancia social: estar separado lo suficiente del aconsejado para ser objetivo, pero implicado lo suficiente para "sentir con él.

4.Habilidad para llevarse bien con las personas.

Características del Aconsejado:

1. Debe ser cooperativo.
2. Debe estar interesado en cambiar su conducta.
3. Debe tener una opinión favorable del consejero.
4. Debe tener una buena expectación (positivo).
5. Debe estar dispuesto a enfrentarse a sí mismo.

E. Habilidades y Técnicas para Aconsejar:

1. Antes de la entrevista:

a. Mostrarse listo y sin prisa.
b. Mantener el período del consejo libre de interrupciones.
c. Revisar la historia del caso de la persona.
d. Orar.
e. Estar listo a tiempo.

2. Durante la entrevista:

Empieza por trabajar en la relación.

• Al comienzo, ayude al entrevistado. Haga que él se sienta relajado y no amenazado.

• Estimúlelo para que hable. Haga comentarios estimulantes sí es difícil para él comenzar a hablar, por ejemplo:

"¿De qué le gustaría hablar hoy?"
"Empiece por donde le parezca más fácil", etc.

Escuche atentamente.

(1) Dé una concentración alerta y atención a lo que él dice.
(2) No permita que su mente se desvíe del asunto.
(3) Trate de no mostrar horror o disgusto.
(4) Trate de entender las cosas desde su punto de vista.
(5) Anime asintiendo como sonriendo, haciendo una pregunta como "¿Entonces qué?" "¿Algo más?", etc.

Observe cuidadosamente.

1. Las palabras y acciones pueden dar indicios del problema.

2. Una repetida referencia a un tópico puede decir lo que es predominante en su mente.

3. A menudo el entrevistado no revelará, o no se da cuenta, del problema real, lo cual hace necesario el estudio inicial de sus palabras y sus respuestas.

No tenga temor de un intervalo de silencio en la conversación.

F. Ética al Aconsejar:

1. Guarde la confidencia. Nunca use la información para las ilustraciones del sermón, aunque sea de una manera encubierta.

2. Evite el contacto físico. Un apretón de manos es suficiente.

3. No use a los aconsejados para satisfacer sus propios deseos.

4. No trate de esconder sus valores cristianos. Haga su comisión conocida.

5. No fuerce o presione al aconsejado a continuar la entrevista.

6. No se encierre en un lugar con una persona del sexo opuesto.

7. Reconozca sus limitaciones. Algunas personas necesitarán ser recomendadas a un consejero más experimentado, un doctor, etc.

G. Peligros al Aconsejar:

1. Demasiada confianza en un lado de la información.
2. Sacar conclusiones prematuras.
3. Estar demasiado comprometido.
4. Asociación cercana con el sexo opuesto.
5. Descuidar la información.
6. Demasiado o poco énfasis en lo espiritual.
7. Un ministerio desequilibrado. No permita que el aconsejar haga que descuide otros deberes.
8. Nunca debe estar encerrado a solas con el aconsejado, si es del sexo opuesto, debe mantener la puerta abierta.

Una Advertencia: Aun con un conocimiento de las técnicas para aconsejar, muchos consejeros pastorales experimentan sentimientos de impotencia e inseguridad cuando son llamados para ayudar. La mejor manera para ganar confianza parece ser simplemente tiempo y experiencia.

Haciendo Contacto:
1. Permita que la gente sepa que Ud. está disponible por:
a. Anunciar su voluntad para aconsejar.
b. Demostrar interés informalmente.

La Fase Introductora:
1. Tranquilice al aconsejado.
2. Establezca armonía una confianza mutua.
3. Anime al aconsejado a describir algunos de sus síntomas.
4. El consejero debe gastar la mayor parte de su tiempo observando y escuchando.

Delineación del problema o definiendo el problema:

El consejero, por medio de algunas preguntas, consigue una apreciación de los problemas del aconsejado, y trata de ver las cosas desde su punto de vista.

• El consejero intenta descubrir por qué ha venido el aconsejado por ayuda.

• Averiguar el antecedente espiritual del aconsejado.

• Esto puede tomar varias sesiones, o sólo unos pocos minutos.

Trabajando hacia la solución:

1. El aconsejado detalla su problema y ambos, el consejero y el aconsejado tratan de llegar a la solución.

2. Mientras que reúnen sus ideas de la situación, ellos pueden considerar como había sido tratado el problema antes.

3. Luego considerar como podría ser tratado con más efectividad en el futuro.

4. El aconsejado tal vez se decidirá a hacer algún cambio práctico en su comportamiento.

EL PRIMER VIAJE MISIONERO DE PABLO

LECCIÓN 13

A. SAULO Y BERNABE SON LLAMADOS POR EL ESPÍRITU SANTO AL MINISTERIO.

1. (*Hechos 13: 2-3*) *"Ministrando éstos al Señor, y ayunando, dijo el Espíritu Santo: Apartadme a Bernabé y a Saulo para la obra a que los he llamado"*. *Entonces, habiendo ayunado y orado, les impusieron las manos y los despidieron.* En estos versos podemos ver como la iglesia primitiva operaba al enviar a los santos al ministerio.

Buscaban la voluntad de Dios. (Ministraban al Señor y ayunaban) Dios es quien da el llamado. "El Espíritu santo dijo: Apartadme a Bernabé y a Saulo para la obra que los he llamado".

La Iglesia los envía (habiendo ayunado y orado les impusieron las manos y los despidieron).

2. Después que Dios habló a la iglesia, Bernabé y Saulo salieron en el primer viaje misionero. Se debe notar que, a comienzos del viaje, los dos eran Bernabé y Saulo, pero no tardaron mucho tiempo en llegar a ser pablo y Bernabé. En otras palabras, Pablo llegó a ser el jefe reconocido.

CIUDADES RECORRIDAS POR PABLO EN SU PRIMER VIAJE.

Antioquía fue el punto de partida de los viajes misioneros de pablo, consideremos un breve resumen de su recorrido por su primer viaje.

1. SELEUCIA: Salieron de Antioquia, viajando por el río Orontes al puerto de Seleucia. (Hechos 13:4)

2. CHIPRE: Zarparon de Seleucia y cruzaron el Mar Mediterráneo hacia la isla de Chipre, esta isla es de 225 kilómetros de largo y 80 Km de ancho. Está a 96 Km al oeste de Siria y en aquel entonces estaba densamente poblada. Chipre fue el país que vio crecer a Bernabé.

3. SALAMINA: La primera escala fue Salamina, una ciudad a la orilla oriental de la isla de Chipre, allí encontraron una sinagoga judía. (Hechos 13:15)

4. PAFOS: Cruzaron Chipre desde el este hacia el oeste, predicando mientras viajaban, a Pafos la capital de la isla, donde vivía el procónsul Sergio Paulo varón prudente. Este llamando a Bernabé y a pablo, deseaba oír palabra de Dios.

En esta ciudad había un altar a la diosa Venus en donde iba a adorar la gente. Fue aquí en donde apareció un mago, falso profeta, un judío llamado Barjesús, (hijo de Jesús) este trató de apartar al procónsul de la fe, y por lo tanto fue cegado por el poder que habitaba en pablo. (Hechos 13: 8-12).

5. PERGE DE PANFILIA: partiendo de Pafos, navegaron al noroeste una distancia de 281 Ms. Hasta llegar a la provincia de Panfilia.

Pasando el puerto de Atalía sin hacer escala, desembarcaron en Perga, a 12 Km del mar. Aquí habitaban griegos que adoraban a la diosa Diana.

Fue aquí donde Juan Marcos dejó a Bernabé y a Pablo y se regresó. (Hechos 13:13) el grupo misionero ahora es descrito como Pablo y sus compañeros. Anteriormente el grupo se describía como Bernabé Pablo. (Hechos 13:7) a partir de este punto, el liderazgo y relevancia de Pablo serán evidentes. Llegaron a Perge a tierra firme en lo que hoy es Turquía.

6. ANTIOQUIA DE PISIDIA: esta ciudad sería el próximo campo de la obra. Pablo inicia su sermón en la sinagoga, explicando como el obrar de Dios a través de la historia nos conduce a Jesús. (Hechos 13: 16-23). Pablo predica al Jesús resucitado (V. 30-) Muchos de ellos creyeron- judíos, prosélitos, gentiles. La palabra se difundía por toda la provincia. Aquí se estableció una Iglesia. Pero los judíos desterraron a los hermanos.

7. ICONIO: es una ciudad grande y estaba ubicada a 90 Km al este de Antioquia de Pisidia. Pablo predicó en la sinagoga, muchos judíos y griegos creyeron, hicieron prodigios y milagros, pero nuevamente los Apóstoles fueron perseguidos y tuvieron que huir. (Hechos 13: 51-52).

8. LISTRA: está ubicada al sudoeste de Iconio. Es una ciudad llena de paganos y supersticiosos. Aquí Pablo sanó a un hombre cojo de nacimiento. A causa de este milagro, la gente trataba de ofrecer sacrificios a los apóstoles creyendo que eran Mercurio y Júpiter. Tan pronto como la muchedumbre quiso ofrecer sacrificios Pablo y Bernabé prohibieron tales actos, los judíos de Antioquia e Iconio vinieron para incitar al pueblo en contra de los Apóstoles. Apedrearon a Pablo y lo arrastraron fuera de la ciudad, creyendo que estaba muerto. (Hechos 14: 7-19).

9. DERBE: a 32 kilómetros de donde predicaron el Evangelio está situada la ciudad de Derbe. (Hechos 14:20b-21a) Pablo deja Listra por la ciudad de Derbe, donde encuentran más éxito evangelístico. Y al día siguiente salió con Bernabé para Derbe.

Y después de anunciar el evangelio a aquella ciudad y de hacer muchos discípulos. (Hechos 14:20-21) ellos estaban muy cerca del paso en el Monte Taurus conocido como las Puertas de Cilicia y fácilmente pudieron haber regresado a Antioquia por una ruta corta y sin peligro. Pero ellos prefirieron volver por el mismo camino que habían venido a pasar de sus enemigos.

10. EL VIAJE DE REGRESO A ANTIOQUIA DE SIRIA.

Volvieron a Listra, a Iconio y a Antioquía, estableciendo iglesias nuevas en los pueblos y confirmando los ánimos de los discípulos, exhortándoles a que permaneciesen en la fe, y diciéndoles: "Es necesario que a través de muchas tribulaciones entremos en el reino de Dios".

Y constituyeron ancianos en cada iglesia, y habiendo orado con ayunos, los encomendaron al Señor en quien habían creído. (Hechos 14: 23).

En Atalía se embarcaron y fueron al norte de Chipre a Antioquia en Siria. Fueron recibidos alegremente por la iglesia que los había enviado. Total, de kilómetros recorridos en este viaje 2,250 kilometros

ANECDOTAS SOBRE EL PRIMER VIAJE MISIONERO DE PABLO.

1. El nombre "Saulo" fue cambiado a "Pablo" (Hechos 13:9) "Pablo" quiere decir "pequeño." En la opinión del escritor Pablo mismo tomó este nombre por su espíritu maravilloso de humildad. Él se consideró "menos que el más pequeño de todos los santos". (Efesios 3:8)

2. BARJESÚS: el profeta falso y mago, es un tipo del apóstata pueblo judío que procura apartar a otros de Cristo. Barjesús fue cegado como le ha pasado a Israel en el sentido. (Romanos 11:25) esta ceguera solo era "por algún tiempo." Barjesús que quiere decir (hijo de Jesús) el cual era judío, es también llamado Elimas.

3. JUAN MARCOS: (Hechos 13:13) Era el sobrino de Bernabé (Colosenses 4:10). El acompañó a Pablo y Bernabé en el primer viaje misionero hasta Perge. Parece que se cansó de las primeras persecuciones y las privaciones de modo que se volvió a casa. Esta falta de parte de Juan Marcos fue un motivo para que Pablo y Bernabé se separaran al comenzar su segundo viaje misionero. Bernabé estaba resuelto a darle una oportunidad a Marcos para que demostrara su capacidad.

Esta controversia nos revela mucho del carácter de Pablo y de Bernabé. En este caso Bernabé tenía razón, porque Marcos llegó a ser un buen ministro del evangelio, de lo cual Pablo mismo se dio cuenta: *"Toma a Marcos, y tráele contigo, porque me es útil para el ministerio"*. *(2Timoteo 4:11)*

El Señor lo escogió digno de ser el escritor del segundo evangelio del Nuevo Testamento. Esto nos enseña que debemos demostrar paciencia y entendimiento para con los que fallan y estar pronto a darles otra oportunidad de probarse dignos.

4. EL APEDREAMIENTO DE PABLO (hechos 14:19) Sin duda, Pablo efectivamente murió en esa ocasión y por breve tiempo fue arrebatado al paraíso.

El escritor (Ralph V. Reynolds) está convencido de que Pablo se refería a esta experiencia cuando escribió a los corintios.

(2 Corintios 12: 1-5). Cuando dijo Pablo que conocía a un hombre "si en el cuerpo, o fuera del cuerpo," él estaba escribiendo sobre el mismo.

Esto no solo fue un desafío para Pablo, todo lo que logró lo hizo a través del llamado de Dios y mantenerse apasionado por Jesús y su reino.

SEGUNDO VIAJE MISIONERO DE PABLO

LECCIÓN 14

A. SEGUNDO VIAJE MISIONERO

Cuando los apóstoles volvieron a Antioquia después del primer concilio de la iglesia en Jerusalén, los acompañaron Judas y Silas, dos profetas.

"A los pocos días después de su retorno, Pablo de dijo a Bernabé: volvamos a visitar a los hermanos en todas las ciudades en que hemos anunciado la palabra del Señor, para ver como están". (Hechos 15:36)

Pero a causa de la controversia sobre Juan Marcos, los dos se separaron, Bernabé llevó consigo a su sobrino Marcos y fue a Chipre. Pablos escogió a Silas para que le acompañara y después se juntaron a ellos Timoteo y Lucas.

Veamos brevemente una travesía del segundo viaje de Pablo y sus compañeros.

1. Saliendo de ANTIOQUIA Pablo y Silas viajaron por Siria, visitando las iglesias (Hechos 15: 41). Luego pasaron a la provincia de Cilicia, provincia natal de Pablo. También visitaron Derbe de nuevo. (Hechos 16.1).

2. EN LISTRA: luego de pasar por Cilicia llegó a Listra donde había sido apedreado, allí fundó una iglesia y allí se juntó con Timoteo quien sería su compañero de toda la vida.
(Hechos 16: 1-4)

3. INCONIO Y ANTIOQUIA: Pablo de nuevo visitó Iconio y Antioquia esta vez con Silas su compañero y desde allí fueron al norte hacia Galacia.

En su viaje ellos querían doblar a la izquierda para predicar en Asia, pero el Espíritu Santo se los prohibió (Hechos 16: 6) luego querían ir en dirección contraria para predicar en Bitinia. Pero el Espíritu Santo se los prohibió (Hechos 16: 7). No podían hacer otra cosa sino seguir en el mismo camino hasta que llegaran a Troas la ciudad antigua de Troya.

4. EN TROAS: en esta ciudad Pablo fundó una iglesia y Lucas el médico amado se juntó a él. Fue en esta ciudad donde Pablo vio en una visión a un varón macedonio que les pedía, "Pasa a Macedonia y ayúdanos".

5. EN MACEDONIA: inmediatamente después de la visión Pablo y sus compañeros llegaron a Macedonia. Y por primera vez predicaron el Evangelio en Europa.

6. EN FILIPO: en Europa pablo continúa predicando hasta que llega a Filipo y allí fue bautizado el primer creyente de Europa, Lidia. Aquí el pueblo mandó a azotarle y encarcelarles, pero fueron librados milagrosamente.

7. EN ANFIPOLIS: aquí como no encontraron ni sinagoga ni habitantes judíos, Pablo solo paso un día y se fue hacia el oeste.

8. EN TESALÓNICA: (Hechos 17:1-5) a 64 kilómetros de Anfípolis en Tesalónica, había una colonia grande de judíos y una sinagoga donde Pablo predicó tres días de reposo. Después escribió dos cartas a la iglesia que fundó allí. Los judíos incitaron un alboroto y los hermanos se vieron obligados a huir de noche.

9. EN BEREA: aquí Pablo se encontró con gente que deseaba escuchar palabras de verdad. Muchos creyeron en el Evangelio. "los bereos" han dado su nombre a los sinceros estudiantes de la Biblia en todas partes. Cuando las noticias de lo que pasaba en Berea llegó a oídos de los judíos tesalonicenses, fueron a alborotar a las multitudes contra los Apóstoles. Los hermanos enviaron a Pablo a Atenas, pero Silas y Timoteo se quedaron allí por un tiempo. (Hechos 17: 10-14)

10. EN ATENAS: una de las ciudades más famosas del mundo antiguo era Atenas. Aquí Pablo predicó en el Areópago. No parece que fundara una iglesia aquí, aunque algunos creyeron.

11. EN CORINTO: Lucas y Timoteo se unieron de nuevo a Pablo; donde el predicó la palabra durante un año y medio. Mientras estaba en Corinto Pablo se ganaba la vida haciendo tiendas. Conoció a Aquila y a Priscila, su esposa, quienes tenían el mismo oficio y por esta razón, Pablo se quedó con ellos.

12. EN CENCREA: En Cencrea Pablo se embarcó en su viaje de regreso, después de cruzar el Mar Egeo; un viaje de 402 kilómetros, llegaron a Éfeso. Aquila y Priscila habían acompañado a Pablo desde Corinto, pero se quedaron en Éfeso, mientras los apóstoles siguieron el viaje.

13. LLEGANDO A CESAREA: Después de navegar 965 kilómetros pablo llega a Cesárea, luego fue a Jerusalén y después a Antioquia.

B. COMENTARIOS SOBRE EL SEGUNDO VIAJE MISIONERO DE PABLO

14. LA LLAMADA A MACEDONIA: (Hechos 16:6-11)

Pablo recibió la llamada de Macedonia cuando vio una visión del hombre de Macedonia que le dijo "pasa a Macedonia y ayúdanos". Al fin del camino estaba en Troas, en puerto Pablo no podía seguir el viaje por tierra.

El detalle notable de como el señor trató con Pablo fue, que antes pablo había intentado doblar a la izquierda y luego a la derecha, pero cada vez el Espíritu Santo le detenía. No podía hacer más que seguir el mismo camino hasta llegar al fin (Hechos 16:6-7). La voluntad de Dios no le fue aclarada hasta que el necesitara saberlo.

15. LOS BEREOS (Hechos 17: 10-13) La historia de pablo y Silas en Berea nos enseña la gran importancia de ser estudiantes de la Biblia, de escudriñar las escrituras. Los Bereos fueron llamados nobles y honrosos.

16. CONRINTO: (Hechos 18: 1-17)
Corinto estaba en la influencia de importantes rutas por tierra, desde el norte hacia el sur, y de rutas de mar desde el este hacia el oeste. Los Romanos la habían destruido, pero Julio Cesar la había restaurado 46 años A.C. en el año 27 A.C., Corinto fue hecha capital desde la provincia de Acaya. Era notoria por su inmoralidad general. Pablo llegó a Corinto desanimado. Su ministerio en Europa no había sido bien acogido.

Aquí se vio obligado a trabajar en su oficio de hacedor de tiendas. Conoció a Aquila y a Priscila judíos exiliados de Roma por orden de Claudio en el año 49 D.C. no obstante, fue animado por sus amigos Silas y Timoteo que le trajeron buenas noticias de Tesalónica y ayuda material.

También el Señor se le apareció en una visión de noche y le aseguró que debería quedarse en Corinto por el lapso de un año y medio.

Pablo ganó a Crispo, el principal de la sinagoga y a Justo, un gentil que vivía al lado de la sinagoga. La actitud de Galion, el procónsul romano es de notarse porque el rehusó juzgar asuntos religiosos.

Aun así, Pablo siguió haciendo su trabajo de la predicación para el Señor Jesús.

TERCER VIAJE MISIONERO DE PABLO

LECCIÓN 15

A. INICIA EL TERCER VIAJE MISIONERO DE PABLO EN LAS REGIONES DE GALACIA, FRIGIA Y LA CIUDAD DE ÉFESO.

"Y después de estar allí algún tiempo, salió, recorriendo por orden la región de Galacia y de Frigia, confirmando a todos los discípulos". (Hechos 18:23)

1.PABLO REGRESA A LAS IGLESIAS DE:
tarso, derbe, listra, iconio y antioquia de pisidia y luego va a las regiones de galacia y frigia.

Y después de estar allí algún tiempo, salió, recorriendo por orden la región de Galacia y de Frigia, confirmando a todos los discípulos.

Y después de estar allí algún tiempo: No sabemos exactamente cuánto tiempo pasó Pablo en su hogar en la congregación de Antioquía de Siria.

Lucas escribió la cuenta para dar un sentido de un movimiento inmediato al siguiente viaje misionero de Pablo.

Recorriendo por orden la región de Galacia y de Frigia: Como el enfoque principal de Pablo en este viaje era confirmar a todos los discípulos, él regresó a las iglesias ya fundadas en previos trabajos misioneros.

Esto incluiría a las congregaciones de Tarso, Derbe, Listra, Iconio, y Antioquía de Pisidia.

Confirmando a todos los discípulos: La pasión de Pablo por formar discípulos, no solo hacer convertidos, era evidente una vez más que este trabajo era muy importante para Pablo.

Si Pablo fuera a visitar a algunas de nuestras congregaciones modernas, el querría saber:

"¿Qué tan fuerte como discípulo eres tú?
¿Qué puedo hacer para fortalecer tu caminar con Cristo Jesús?"

Él nos recodaría a todos que no es suficiente con tener un fuerte inicio con Jesús, sino que siempre debemos crecer en fortaleza.

2. EN ÉFESO (Hechos 18:24-28)
El ministerio de Apolos. Llegó entonces a Éfeso un judío llamado Apolos, natural de Alejandría, varón elocuente, poderoso en las Escrituras.

Este había sido instruido en el camino del Señor; y siendo de espíritu fervoroso, hablaba y enseñaba diligentemente lo concerniente al Señor, aunque solamente conocía el bautismo de Juan. Y comenzó a hablar con denuedo en la sinagoga.

Apolos no sabía mucho acerca de Jesús, pero lo que sí sabía lo enseñaba diligentemente y con una valerosa pasión. No sabía mucho acerca de Jesús, pero lo que si sabía lo emocionaba genuinamente.

Pero cuando le oyeron Priscila y Aquila, le tomaron aparte y le expusieron más exactamente el camino de Dios.

Y queriendo él pasar a Acaya, los hermanos le animaron, y escribieron a los discípulos que le recibiesen; y llegado él allá, fue de gran provecho a los que por la gracia habían creído; porque con gran vehemencia refutaba públicamente a los judíos, demostrando por las escrituras que Jesús era el Cristo.

a) Los discípulos de Éfeso son bautizados en el Espíritu Santo. (Hechos 19:1-2)

Aconteció que entre tanto que Apolos estaba en Corinto, Pablo, después de recorrer las regiones superiores, vino a Éfeso, y hallando a ciertos discípulos, les dijo: "¿Recibisteis el Espíritu Santo cuando creísteis? Y ellos le dijeron: Ni siquiera hemos oído si hay Espíritu Santo".

b) Pablo hace distinción entre el bautismo de Juan el Bautista y el bautismo en el Nombre de Jesús.

"Entonces dijo: ¿En qué, pues, fuisteis bautizados? Ellos dijeron:

99

En el bautismo de Juan. Dijo Pablo: Juan bautizó con bautismo de arrepentimiento, diciendo al pueblo que creyesen en aquel que vendría después de él, esto es, en Jesús el Cristo". (Hechos 19:3-4)

c) Los doce discípulos Efesios creen en Jesús, son bautizados, y reciben al Espíritu Santo y sus dones.

"Cuando oyeron esto, fueron bautizados en el nombre del Señor Jesús. Y habiéndoles impuesto Pablo las manos, vino sobre ellos el Espíritu Santo; y hablaban en lenguas, y profetizaban. Eran por todos unos doce hombres".
(Hechos 19: 5-7)

d) Pablo finalmente deja la sinagoga y empieza a enseñar en el edificio de una escuela.

"Y entrando Pablo en la sinagoga, habló con denuedo por espacio de tres meses, discutiendo y persuadiendo acerca del reino de Dios.

Pero endureciéndose algunos y no creyendo, maldiciendo el Camino delante de la multitud, se apartó Pablo de ellos y separó a los discípulos, discutiendo cada día en la escuela de uno llamado Tirano.

Así continuó por espacio de dos años, de manera que todos los que habitaban en Asia, judíos y griegos, oyeron la palabra del Señor Jesús". (Hechos 19: 8-10)

"Y hacía Dios milagros extraordinarios" Lucas afirma que

éstos eran milagros extraordinarios, y nos da un ejemplo; que los paños o delantales de Pablo (literalmente, "toallas para el sudor") podían ser puestas sobre una persona, incluso sin que Pablo estuviera presente, y esa persona era sanada o liberada de posesión demoniaca.

e) Una reprimenda para los siete hijos de Esceva, los exorcistas judíos.

"Pero algunos de los judíos, exorcistas ambulantes, intentaron invocar el nombre del Señor Jesús sobre los que tenían espíritus malos, diciendo: Os conjuro por Jesús, el que predica Pablo. Había siete hijos de un tal Esceva, judío, jefe de los sacerdotes, que hacían esto. Pero respondiendo el espíritu malo, dijo: A Jesús conozco, y sé quién es Pablo; pero vosotros, ¿quiénes sois? Y el hombre en quien estaba el espíritu malo, saltando sobre ellos y dominándolos, pudo más que ellos, de tal manera que huyeron de aquella casa desnudos y heridos". (Hechos 19:13-16)

En aquel tiempo, había exorcistas judíos que practicaban su oficio con mucha superstición y ceremonias.

Aquí, un grupo de judíos exorcistas ambulantes trataron de imitar lo que creyeron que era una fórmula de Pablo para el éxito. Fracasaron porque no tenían una relación personal con Jesús.
Solo sabían que Jesús era el Dios de Pablo, no su propio Dios.

Y esto fue notorio a todos los que habitaban en Éfeso, así judíos como griegos; y tuvieron temor todos ellos: El incidente con los hijos de Esceva impresionó a la gente con la realidad del reino demoniaco. Los hizo temer al Señor y como resultado, fue magnificado el Nombre del Señor Jesús.

f) El disturbio en Éfeso.

Demetrio, un fabricante de ídolos, se opone a Pablo porque su negocio había sido perjudicado. Y a causa de esto se provocó un gran disturbio.

"Hubo por aquel tiempo un disturbio no pequeño acerca del Camino. Porque un platero llamado Demetrio, que hacía de plata templecillos de Diana, daba no poca ganancia a los artífices; a los cuales, reunidos con los obreros del mismo oficio, dijo: Varones, sabéis que de este oficio obtenemos nuestra riqueza; pero veis y oís que este Pablo, no solamente en Éfeso, sino en casi toda Asia, ha apartado a muchas gentes con persuasión, diciendo que no son dioses los que se hacen con las manos. Y no solamente hay peligro de que este nuestro negocio venga a desacreditarse, sino también que el templo de la gran diosa Diana sea estimado en nada, y comience a ser destruida la majestad de aquella a quien venera toda Asia, y el mundo entero. Cuando oyeron estas cosas, se llenaron de ira, y gritaron, diciendo: ¡Grande es Diana de los efesios! Aquí cabe la frase: "la envidia provoca la oposición." (Hechos 19: 23-28)

"Hubo por aquel tiempo un disturbio no pequeño acerca del Camino". Cuando la obra estaba yendo muy bien, y cuando Pablo estaba pensando en dejar Éfeso, se presentó otro disturbio.

Una vez más, por tercera vez en el libro de Hechos y segunda vez en este capítulo el movimiento cristiano es llamado "el Camino".

g) El disturbio cobra fuerza.

"Y la ciudad se llenó de confusión, y a una se lanzaron al teatro, arrebatando a Gayo y a Aristarco, macedonios, compañeros de Pablo. Y queriendo Pablo salir al pueblo, los discípulos no le dejaron. También algunas de las autoridades de Asia, que eran sus amigos, le enviaron recado, rogándole que no se presentase en el teatro. Unos, pues, gritaban una cosa, y otros otra; porque la concurrencia estaba confusa, y los más no sabían por qué se habían reunido. Y sacaron de entre la multitud a Alejandro, empujándole los judíos. Entonces Alejandro, pedido silencio con la mano, quería hablar en su defensa ante el pueblo. Pero cuando le conocieron que era judío, todos a una voz gritaron casi por dos horas: ¡Grande es Diana de los efesios!". (Hechos 19: 29-34)

"¡Grande es Diana de los efesios!"

Este repetido canto debió haber provocado un escalofrío en la espalda de los cristianos, incluyendo a Pablo que sin duda podía escucharlo desde afuera del teatro. Dios obró poderosamente en Éfeso, pero también lo hizo el diablo.

Esta puede ser una de las razones por las que Pablo escribió tan detalladamente sobre la batalla espiritual que cada cristiano enfrenta contra poderes de oscuridad espiritual en su carta a los Efesios (Efesios 6:10-20)

h) Despedida de pablo para los ancianos de Éfeso.
"Después que cesó el alboroto, llamó Pablo a los discípulos, y habiéndolos exhortado y abrazado, se despidió y salió para ir a Macedonia". (Hechos20:1)

Pablo no se pudo ir sin esta demostración de amor para sus compañeros seguidores de Jesús. Había pasado dos fructíferos años en Éfeso, pero era tiempo de partir.

3.GRECIA Y MACEDONIA

"Y después de recorrer aquellas regiones, y de exhortarles con abundancia de palabras, llegó a Grecia. Después de haber estado allí tres meses, y siéndole puestas asechanzas por los judíos para cuando se embarcase para Siria, tomó la decisión de volver por Macedonia. Y le acompañaron hasta Asia, Sópater de Berea, Aristarco y Segundo de Tesalónica, Gayo de Derbe, y Timoteo; y de Asia, Tíquico y Trófimo. Estos, habiéndose adelantado, nos esperaron en Troas". (Hechos 20: 2-5)

Pablo pasó su tiempo trabajando con las iglesias que había establecido con anterioridad, como se registra en. Hechos 16-17

"Una actividad que preocupaba especialmente a Pablo en ese momento era recolectar dinero para ayudar a los creyentes con necesidad en Jerusalén…. Pablo veía esto como un símbolo de unidad que ayudaría a los gentiles convertidos a darse cuenta de su deuda para con la madre Iglesia en Jerusalén".

Y siéndole puestas asechanzas por los judíos para cuando se embarcase para Siria, tomó la decisión de volver por Macedonia. Estando en Grecia, Pablo había planeado tomar el largo camino por mar de regreso a Siria (donde estaba la iglesia que lo había enviado en Antioquía), pero las asechanzas de algunos judíos anticristianos lo hicieron tomar una ruta de regreso terrestre a través de Macedonia, acompañado de varios compañeros.

1. TROAS Y LA REGIONES DE ASIA MENOR. (Turquía moderna) Llegando la ciudad de Troas.

"Y nosotros, pasados los días de los panes sin levadura, navegamos de Filipos, y en cinco días nos reunimos con ellos en Troas, donde nos quedamos siete días". (Hechos 20:6)

Pablo navegó por el mar Egeo, al oeste, hacia la provincia Romana de Asia Menor.

Lucas reanuda la narrativa de nosotros, él se encontró con Pablo en Filipo y luego navegó con Pablo hacia Troas donde encontraron a los otros compañeros de viaje de Pablo. Pablo había dejado a Lucas en Filipo en Hechos 16:40.

El primer día de la semana Pablo se reunió con sus discípulos para compartir el pan. Pablo hablando la palabra de Dios se alargó por casi 6 horas, un joven llamado Eutico vencido por el sueño cayó del tercer piso y murió, Pablo lleno de fe oró por él y el joven fue resucitado. (Hechos 20:7-12)

2. EN MILETO: Pablo llega a Mileto y manda a llamar

a los ancianos de la iglesia de Éfeso para que se reúnan con él ahí y darles dirección (Hechos 20:13-17).

"Nosotros, adelantándonos a embarcarnos, navegamos a Asón para recoger allí a Pablo, ya que así lo había determinado, queriendo él ir por tierra. Cuando se reunió con nosotros en Asón, tomándole a bordo, vinimos a Mitilene. Navegando de allí, al día siguiente llegamos delante de Quío, y al otro día tomamos puerto en Samos; y habiendo hecho escala en Trogilio, al día siguiente llegamos a Mileto.

Porque Pablo se había propuesto pasar de largo a Éfeso, para no detenerse en Asia, pues se apresuraba por estar el día de Pentecostés, si le fuese posible, en Jerusalén. Enviando, pues, desde Mileto a Éfeso, hizo llamar a los ancianos de la iglesia".

A pesar de que Pablo sabía que no podía hacer una visita rápida a Éfeso, aún quería derramar su corazón sobre los líderes de la iglesia en Éfeso. Así que, desde Mileto, hizo llamar a los ancianos de la iglesia para que vinieran a una reunión especial.

Pablo comienza su despedida de los ancianos de Éfeso haciendo un recuento de su trabajo entre ellos.

"Cuando vinieron a él, les dijo: Vosotros sabéis cómo me he comportado entre vosotros todo el tiempo, desde el primer día que entré en Asia, sirviendo al Señor con toda humildad, y con muchas lágrimas, y pruebas que me han venido por las asechanzas de los judíos; y cómo nada que fuese útil he rehuido de anunciaros y enseñaros, públicamente y por las casas, testificando a judíos y a gentiles acerca del arrepentimiento para con Dios, y de la fe en nuestro Señor Jesucristo". (Hechos 20: 18-21)

En esta reunión pablo les anuncia:
• Su futuro. (Hechos 20: 22-24)
• Probablemente no volverá a verlos. (Hechos 20:25)
• Una declaración el que está limpio delante de Dios. (Hechos 20: 26-27)
• Los anima a velar por el pueblo de Dios y por ellos mismos. (Hechos 20:28)
• El cuidar del rebaño del peligro interno y externo. (Hechos 20: 29-30)
• Les recuerda sus enseñanzas y tener un corazón de sacrificios. (Hechos 20:32-35)

3. COS, RODAS, PATARA.

"Después de separarnos de ellos, zarpamos y fuimos con rumbo directo a Cos, y al día siguiente a Rodas, y de allí a Pátara. Y hallando un barco que pasaba a Fenicia, nos embarcamos, y zarpamos". (Hechos 21: 1-2)

4. TIRO.

"Al avistar Chipre, dejándola a mano izquierda, navegamos a Siria, y arribamos a Tiro, porque el barco había de descargar allí. Y hallados los discípulos, nos quedamos allí siete días; y ellos decían a Pablo por el Espíritu, que no subiese a Jerusalén". (Hechos 21: 3-4)

No se nos dice cómo fue plantada una iglesia en Tiro,

pero había discípulos ahí. Esto nos recuerda que el libro de los hechos solo nos da una visión parcial de la actividad de la iglesia primitiva.

Aparentemente, entre los discípulos de Tiro, algunos profetizaron sobre el peligro que le esperaba a Pablo en Jerusalén, algo sobre lo que ya se le había advertido antes en varios lugares. (Hechos 20:22-23).

"Cumplidos aquellos días salimos, acompañándonos todos, con sus mujeres e hijos, hasta fuera de la ciudad; y puestos de rodillas en la playa, oramos. Y abrazándonos los unos a los otros, subimos al barco y ellos se volvieron a sus casas". Hechos 21:5-7

A pesar de las súplicas sinceras de los Cristianos de Tiro, Pablo y su grupo no desistieron de ir a Jerusalén. Él estaba persuadido de que era la voluntad de Dios, así que continuaron.

La costumbre de caminar con un viajero hasta las afueras de la ciudad era una tradición. Sin embargo, la costumbre de arrodillarse juntos en la playa para orar era únicamente cristiana (y puestos de rodillas en la playa, oramos).

5. LLEGANDO TOLEMAIDA:

"Y nosotros completamos la navegación, saliendo de Tiro y arribando a Tolemaida; y habiendo saludado a los hermanos, nos quedamos con ellos un día". (Hechos 21:7)

Debe haber sido maravilloso para Pablo y sus compañeros encontrar cristianos en casi cada ciudad en la que se detenían. Esto nos muestra la expansión y la profundidad del movimiento cristiano en todo el Imperio Romano. Al parecer había cristianos por doquier.

6. CESAREA.

"Pablo llega a Cesárea a casa de Felipe el evangelista. Al otro día, saliendo Pablo y los que con él estábamos, fuimos a Cesárea; y entrando en casa de Felipe el evangelista, que era uno de los siete, posamos con él. Este tenía cuatro hijas doncellas que profetizaban". (Hechos 21: 8-9)

Felipe el evangelista, que era uno de los siete: Hechos 8:40 nos dice que después del trabajo de Felipe de traer al eunuco a la fe, él predicó a través de la región costera y terminó en Cesárea.

Muchos años después aún seguía ahí, Agabo le hace una advertencia a Pablo en Cesárea.

"Y permaneciendo nosotros allí algunos días, descendió de Judea un profeta llamado Agabo, quien, viniendo a vernos, tomó el cinto de Pablo, y atándose los pies y las manos, dijo:

Esto dice el Espíritu Santo: Así atarán los judíos en Jerusalén al varón de quien es este cinto, y le entregarán en manos de los gentiles. Al oír esto, le rogamos nosotros y los de aquel lugar, que no subiese a Jerusalén. Entonces Pablo respondió: ¿Qué hacéis llorando y quebrantándome el corazón? Porque yo estoy dispuesto no sólo a ser atado, más aún a morir en Jerusalén por el nombre del Señor Jesús. Y como no le pudimos persuadir, desistimos, diciendo: Hágase la voluntad del Señor". (Hechos 21: 10-14)

La profecía de Agabo era verdadera y genuinamente del Espíritu Santo. Pero a esta palabra verdadera, le agregaron una aplicación humana (12 le rogamos nosotros y los de aquel lugar, que no subiese a Jerusalén). Esas palabras adicionales no venían del Señor, de lo contrario Pablo hubiera sido desobediente al ir a Jerusalén.

Las advertencias del Espíritu Santo tenían la intención de preparar a Pablo, no de detenerlo.

7.EN JERUSALEN.

Pablo informa sobre lo que Dios había hecho entre los gentiles.

Al llegar a Jerusalén, Pablo se reunió con los líderes de la iglesia (Jacobo y todos los ancianos), y les dio un reporte completo de su trabajo predicando y plantando iglesias. (Hechos 21: 17:20)

"Cuando llegamos a Jerusalén, los hermanos nos recibieron con gozo. Y al día siguiente Pablo entró con nosotros a ver a Jacobo, y se hallaban reunidos todos los ancianos; a los cuales, después de haberles saludado, les contó una por una las cosas que Dios había hecho entre los gentiles por su ministerio. Cuando ellos lo oyeron, glorificaron a Dios".

Pablo se entera de su mala reputación entre algunos de los cristianos de Jerusalén.

"Y le dijeron: Ya ves, hermano, cuántos millares de judíos hay que han creído; y todos son celosos por la ley. Pero se

les ha informado en cuanto a ti, que enseñas a todos los judíos que están entre los gentiles a apostatar de Moisés, diciéndoles que no circunciden a sus hijos, ni observen las costumbres. ¿Qué hay, pues? La multitud se reunirá de cierto, porque oirán que has venido". (Hechos 21: 20-22).

"Pero se les ha informado en cuanto a ti, que enseñas a todos los judíos que están entre los gentiles a apostatar de la ley de Moisés". La comunidad cristiana de Jerusalén había escuchado rumores falsos y negativos sobre Pablo.

Les habían dicho que él se había convertido básicamente en antijudío, y les decía a los cristianos judíos que estaba mal que continuaran con sus leyes y costumbre judías.

Acontecimientos que le sucedieron a Pablo en Jerusalén.

a) Los líderes de la iglesia de Jerusalén le hacen algunas recomendaciones a Pablo. (Hechos 21: 23-25)

b) Después de aceptar la recomendación, Pablo se une y financia a algunos cristianos en un rito de purificación judía. (Hechos 21: 26)

c) Los judíos de Asia alborotan a la multitud en contra de Pablo. (hechos 21: 27-30)

d) Los soldados Romanos rescatan a Pablo.
(hechos 12: 31-36)

e) Pablo Habla con el Tribuno. (Hechos 21: 37-39)

f) Se le permite a Pablo hablarle a la multitud que quería matarlo. (Hechos 21: 40)

g) Pablo comienza su mensaje a la multitud y les adelanta su judaísmo y sus antecedentes. (Hechos 22: 1-5)

h) Pablo cuenta su experiencia camino a Damasco. (Hechos 22: 6-16)

i) Pablo es custodiado y azotado por los romanos. (Hechos 22: 25-26)

j) Pablo declara su ciudadanía romana (Hechos22: 27-29)

DEFENSA DE PABLO ANTE LOS LÍDERES

LECCIÓN 16

ANTE EL SANEDRIN

Pablo se defiende delante de los líderes y sacerdotes. Ananías manda que golpeen a pablo en la boca. A la cual pablo responde: "¡Dios te golpeara a ti, pared blanqueada!".

"Entonces Pablo, mirando fijamente al concilio, dijo: Varones hermanos, yo con toda buena conciencia he vivido delante de Dios hasta el día de hoy". (Hechos 23:1)

(Hechos 23: 6-9) Pablo al ver que en el concilio se encontraban fariseos y saduceos afirmó que él era fariseo provocando así la división del concilio.

El Señor se le aparece a Pablo con palabras de ánimo y le dijo la necesidad de que testificara de él en Roma, así como en Jerusalén.

Pablo es librado de la conspiración de los asesinos. Cuarenta hombres hacen juramento para acorralar y matar a Pablo.

"Venido el día, algunos de los judíos tramaron un complot y se juramentaron bajo maldición, diciendo que no comerían ni beberían hasta que hubiesen dado muerte a Pablo. Eran más de cuarenta los que habían hecho esta conjuración, los cuales fueron a los principales sacerdotes y a los ancianos y dijeron: Nosotros nos hemos juramentado bajo maldición, a no gustar nada hasta que hayamos dado muerte a Pablo.

Ahora pues, vosotros, con el concilio, requerid al tribuno que le traiga mañana ante vosotros, como que queréis indagar cosa más cierta acerca de él; y nosotros estaremos listos para matarle antes que llegue". (Hechos 23:12-15)

PABLO ANTE FELIX

Y escribió una carta en estos términos: Claudio Lisias al excelentísimo gobernador Félix, salud. A este hombre, aprehendido por los judíos, y que iban ellos a matar, lo libré yo acudiendo con la tropa, habiendo sabido que era ciudadano romano.

"Y queriendo saber la causa por qué le acusaban, le llevé al concilio de ellos; y hallé que le acusaban por cuestiones de la ley de ellos, pero que ningún delito tenía digno

de muerte o de prisión. *Pero al ser avisado de asechanzas que los judíos habían tenido contra este hombre, al punto le he enviado a ti, intimando también a los acusadores que traten delante de ti lo que tengan contra él. Pero que ningún delito tenía digno de muerte o de prisión":* con esta expresión en la carta escrita por Lisias, Lucas muestra como otros oficiales romanos sentencian a Pablo como *"no culpable".* (Hechos 23: 25-30)

Pablo en espera del juicio ante Félix

"Y el gobernador, leída la carta, preguntó de qué provincia era; y habiendo entendido que era de Cilicia, le dijo: Te oiré cuando vengan tus acusadores. Y mandó que le custodiasen en el pretorio de Herodes". (Hechos 23: 34-35)

"Te oiré cuando vengan tus acusadores". Esta sería la primera oportunidad de Pablo para hablar a alguien de ese nivel de autoridad (el gobernador).

Este era el inicio del cumplimiento de la promesa hecha a Pablo algunos 20 años antes: que él llevaría el Nombre de Jesús ante reyes. (Hechos 9:15)

Y mandó que le custodiasen en el pretorio de Herodes: Esto dio comienzo a dos años de confinamiento de Pablo en Cesárea. Después de eso él pasó al menos dos años en Roma. Al juntar el tiempo de los viajes, los siguientes cinco años de la vida de Pablo los vivió bajo la custodia de Roma. Este era un contraste a los años previos de viajes espontáneos y largos.

Las acusaciones en contra de Pablo:

El caso de la asamblea judía contra Pablo.

"Cinco días después, descendió el sumo sacerdote Ananías con algunos de los ancianos y un cierto orador llamado Tértulo, y comparecieron ante el gobernador contra Pablo". (Hechos 24:1)

1. Secuencias del juicio:
a) (Hechos 24:5-6) Los acusadores de Pablo expresan sus cargos específicos.

b) (Hechos 24:7-9) Tértulo concluye su acusación contra Pablo.

c) (Hechos 24:10-13) Pablo expone la debilidad del caso contra él.

d) (Hechos 24:14-21) Pablo explica su ministerio, y por qué fue arrestado, la decisión de Félix en el caso.

e) (Hechos 24:22-23) Félix evita hacer una decisión legal.

1. DEFENSA DE PABLO ANTE FESTO

Cuando Félix es remplazado, Los acusadores judíos de Pablo deciden reiniciar el caso en contra suya.

"Llegado, pues, Festo a la provincia, subió de Cesárea a Jerusalén tres días después. Y los principales sacerdotes y los más influyentes de los judíos se presentaron ante él contra Pablo, y le rogaron, pidiendo contra él, como gracia, que le hiciese traer a Jerusalén; preparando ellos una celada para matarle en el camino. Y los principales sacerdotes y los más influyentes de los judíos se presentaron ante él contra Pablo: Aunque ya habían pasado dos años, el caso de Pablo aún era importante para los líderes religiosos. Esperaban hacer traer a Pablo ante ellos una vez más a Jerusalén".

Secuencias del juicio:

a) (Hechos 25:4-6a) Festo se rehúsa a traer a Pablo a juicio otra vez en Jerusalén.

b) (Hechos 25:6b-8) Festo reinicia el juicio en Cesárea.

c) (Hechos 25:9-12) Pablo apela su caso al César.

2. PABLO ANTE REY AGRIPA

"Pasados algunos días, el rey Agripa y Berenice vinieron a Cesárea para saludar a Festo. Y como estuvieron allí muchos días, Festo expuso al rey la causa de Pablo, tener una gran influencia sobre Festo". (Hechos 25: 13-14)

Secuencias del juicio

a) (Hechos 25:14b-22) Festo explica a su invitado, Rey Agripa, el caso relacionado con Pablo.

b) (Hechos 25:23) Pablo, el prisionero, es traído delante de Agripa, Berenice y Festo.

c) (Hechos 25:24-27) Festo da su comentario inicial en la audiencia de Pablo, ante Agripa.

d) (Hechos 26: 1-3) Pablo habla en audiencia ante el Rey Agripa. (Primeras palabras de Pablo).

"Entonces Agripa dijo a Pablo: Se te permite hablar por ti mismo. Pablo entonces, extendiendo la mano, comenzó así su defensa: Me tengo por dichoso, oh rey Agripa, de que haya de defenderme hoy delante de ti de todas las cosas de que soy acusado por los judíos. Mayormente porque tú conoces todas las costumbres y cuestiones que hay entre los judíos; por lo cual te ruego que me oigas con paciencia". (Hechos 26:21-23)

Pablo resume su defensa.

a) (Hechos 26:24-26) Festos declara que Pablo está loco, y Pablo responde.

b) (Hechos 26:27-29) Agripa es casi persuadido de convertirse en cristiano.

c) (Hechos 26:30-32) Agripa admite la inocencia de Pablo, pero aún lo manda ante Cesar.

"Cuando había dicho estas cosas, se levantó el rey, y el gobernador, y Berenice, y los que se habían sentado con ellos; y cuando se retiraron aparte, hablaban entre sí, diciendo: Ninguna cosa digna ni de muerte ni de prisión ha hecho este hombre. Y Agripa dijo a Festo: ¿Podía este hombre ser puesto en libertad, si no hubiera apelado a César?".

VIAJE DE PABLO A ROMA

NAUFRAGIO CAMINO A ROMA

(Hechos 27) De Cesárea a Buenos Puertos. Pablo y sus compañeros dejan Cesárea.

"Cuando se decidió que habíamos de navegar para Italia, entregaron a Pablo y a algunos otros presos a un centurión llamado Julio, de la compañía Augusta. Y embarcándonos en una nave adramitena que iba a tocar los puertos de Asia, zarpamos, estando con nosotros Aristarco, macedonio de Tesalónica". (Hechos 27:1-2)

CAMINO A BUENOS PUERTOS (HECHOS 27: 3-8)

"Al otro día llegamos a Sidón; y Julio, tratando humanamente a Pablo, le permitió que fuese a los amigos, para ser atendido por ellos. Y haciéndonos a la vela desde allí, navegamos a sotavento de Chipre, porque los vientos eran contrarios. Habiendo atravesado el mar frente a Cilicia y Panfilia, arribamos a Mira, ciudad de Licia. Y hallando allí el centurión una nave alejandrina que zarpaba para Italia, nos embarcó en ella. Navegando muchos días despacio, y llegando a duras penas frente a Gnido, porque nos impedía el viento, navegamos a sotavento de Creta, frente a Salmón. Y costeándola con dificultad, llegamos a un lugar que llaman Buenos Puertos, cerca del cual estaba la ciudad de Lasea. (Hechos 27: 3-8) (Hechos 27:9-10)

El consejo de Pablo para el capitán y la tripulación del barco.

(Hechos 27:11-12) Se toma la decisión de navegar a pesar del peligro.

EL TORMENTOSO VIAJE DE BUENOS PUERTOS A MALTA.

(Hechos 27:13-16) Se tiene un buen comienzo en Creta, pero rápidamente la nave encuentra grandes dificultades en una tormenta.

Travesía del viaje:
1) (Hechos 27:17-19) Las Medidas que se tomaron para salvar la nave.

2) (Hechos 27:20) La desesperanza de la tripulación y de los pasajeros.

3) (Hechos 27:21-22) Pablo le dice a la tripulación que tenga ánimo.

4) (Hechos 27:23-26) Pablo le cuenta a la tripulación sobre una visita angelical.

5) (Hechos 27:27-29) Llegando a tierra firme.

6) (Hechos 27:30-32) Algunos marineros intentan escapar del barco.

7) (Hechos 27:30-32) Algunos marineros intentan escapar del barco.

8) (Hechos 27:39-41) El barco encalla y se destruye.

9) (Hechos 27:42-44) Abandonando el barco y llegando a salvo a la costa.

MINISTERIO DE PABLO EN LA ISLA DE MALTA.

(Hechos 28: 1-2) Los isleños de Malta son impresionados cuando Pablo salió ileso de una mordida de serpiente.

"Estando ya a salvo, supimos que la isla se llamaba Malta. Y los naturales nos trataron con no poca humanidad; porque encendiendo un fuego, nos recibieron a todos, a causa de la lluvia que caía, y del frío".

(Hechos 28:3-6) Pablo y la mordida de serpiente. Pablo sana al padre de Publio, y muchos otros.

"En aquellos lugares había propiedades del hombre principal de la isla, llamado Publio, quien nos recibió y hospedó solícitamente tres días.

Y aconteció que el padre de Publio estaba en cama, enfermo de fiebre y de disentería; y entró Pablo a verle, y después de haber orado, le impuso las manos, y le sanó.

Hecho esto, también los otros que en la isla tenían enfermedades, venían, y eran sanados; los cuales también nos honraron con muchas atenciones; y cuando zarpamos, nos cargaron de las cosas necesarias". (Hechos 28:7-10)

PABLO EN ROMA

"Pasados tres meses, nos hicimos a la vela en una nave alejandrina que había invernado en la isla, la cual tenía por enseña a Cástor y Pólux. Y llegados a Siracusa, estuvimos allí tres días. De allí, costeando alrededor, llegamos a Regio; y otro día después, soplando el viento sur, llegamos al segundo día a Puteoli, donde habiendo hallado

hermanos, nos rogaron que nos quedásemos con ellos siete días; y luego fuimos a Roma, de donde, oyendo de nosotros los hermanos, salieron a recibirnos hasta el Foro de Apio y las Tres Tabernas; y al verlos, Pablo dio gracias a Dios y cobró aliento". (Hechos 28:11-15)

Pasados tres meses:

Tres meses en Malta, tomando fuerza y esperando que terminara el invierno.

Llegados a Siracusa: Esta fue la primera parada desde Malta. Siracusa era una ciudad famosa en el mundo antiguo, siendo la capital de la isla de Sicilia.

Secuencias de la vida de Pablo en Roma:

El estado de Pablo como prisionero en Roma.

"Cuando llegamos a Roma, el centurión entregó los presos al prefecto militar, pero a Pablo se le permitió vivir aparte, con un soldado que le custodiase". (Hechos 28:16)

(Hechos 28:17-20) Pablo apela a la comunidad judía de Roma.

(Hechos 28:21-22) Los líderes judíos responden a Pablo.

(Hechos 28:23-24) La comunidad judía de Roma escucha el evangelio de Pablo.

(Hechos 28:25-27) Pablo explica el rechazo del evangelio de Isaías 6:9-10.

(Hechos 28:28-29) Pablo les dice que llevará el mensaje de salvación a los gentiles.

(Hechos 28:30-31) Pablo pasa dos años en Roma antes de su juicio en la corte del César.

Y Pablo permaneció dos años enteros en una casa alquilada, y recibía a todos los que a él venían, predicando el reino de Dios y enseñando acerca del Señor Jesucristo, abiertamente y sin impedimento.

Pablo pasó más de dos años en Cesárea esperando que su caso se resolviera. (Hechos 24:27)

Ahora el pasó otros dos años esperando que su caso fuera presentado ante el Cesar.

En estos dos años Pablo escribió las cartas a los Efesios, Filipenses, y los Colosenses

"Y recibía a todos los que a él venían". Un ejemplo de alguien que recibió en Roma fue un converso de Pablo, un esclavo fugitivo llamado Onésimo, a quien Pablo dijo que regresara a su amo Filemón.

MUERTE DE PABLO

Parece probable que Pablo fue absuelto de estos cargos, y por la mayoría de las estimaciones fue libre durante otros cuatro o cinco años hasta que fue arrestado de nuevo, encarcelado, condenado y ejecutado en Roma por orden de Nerón en el año 66 o 67 D.C. – como las tradiciones históricas de la iglesia primitiva afirman.

Probablemente, Lucas no documentó la aparición de Pablo ante el César, porque el evangelio de Lucas y el libro de Hechos fueron escritos para darle a la corte romana el trasfondo y los hechos del caso de Pablo en su juicio ante el César.

Mientras Pablo venía a Roma, el mar, los soldados, y la víbora amenazaron su vida. Pero Dios lo libró de todos ellos.

A través de Pablo, Dios muestra que un hombre de Dios, cumpliendo la voluntad de Dios, no puede ser detenido – aunque puedan venir todo tipo de dificultades.

Un hombre llamado por Dios cumpliendo la gran comisión de "id, predicad y haced discípulos", ese fue Pablo por una carga por las almas perdidas, terminó diciendo estas poderosas palabras:

"Para mí el vivir es Cristo y el morir me es ganancia"

Esperamos con este material que Dios te ilumine y ponga en nuestros corazones carga por las almas perdidas.

Mil bendiciones.

**Pastor
Juan Morales**

¡Le ayudamos a **desarrollar** el sueño de

Escribir su libro!

Diseño Gráfico - Impresion litográfica / Digital

**"Le Ayudamos A Desarrollar
El Sueño De Escribir Su Libro"**

3313 Gilbert Rd, Grand Prairie TX 75050
Tel. (214) 529 2746

60164756R00073